V.6 O²f
783
Curieuse relation

LA GVIDE
DES CHEMINS
POVR LE VOYAGE
DE HIERVSALEM, ET
autres Villes & lieux
de la terre Saincte.

Auec la description de plusieurs villes & forteresses, & de leurs antiques & modernes singularitez: De la mer, de sa cruauté, & de la Hierarchie Nautique: De la croyance, ceremonies, mœurs, & façons de viure des Turcs, Arabes, & autres infidels, & de la valleur & changement de leurs monnoyes. Plus la remarque des Saincts lieux ou le Sauueur du monde a faict des miracles: Et des ceremonies qu'obseruent les nations Chrestiennes qui gardent le S. Sepulchre.

Par M. Loys Balourdet, Prestre, Chanoine d'Asnay, & Curé de Mareuil.

A tres-illustre, & tres-religieuse Princesse, Madame Madame RENEE DE LORRAINE, *Abbesse de Sainct Pierre de Reims.*

A CHAALONS,
Chez C. Guyot, Imprimeur du Roy.
M. DCI.

A TRES-ILLVSTRE,

TRES-RELIGIEVSE,
& tres-deuote Princesse, Madame, Madame Renee de Lorraine, Abbesse de S. Pierre de Rheims.

Madame, il est plus que certain, que la splendeur des vertus de vostre race tres-illustre, s'espand si viuement par tout l'Vniuers, que les rays d'icelles penetrent iusques au plus profond des obscures tenebres: qui me faict dire, que l'aage, ou l'enuie du temps, qui consomme, & aneantit toutes choses, ne luy pourra apporter quelque diminution, ou obscurcissement, que plutost luy causera de iour en iour quelque accroissement de clairté, & grandeur: Car vne race si genereuse, ne sçait ny peut, sinon monstrer euidemment les marques illustres de sa generosité: vn monde d'histoires, & exploicts heroiques nous en donnẽt bon & suffisant tesmoinage: En quoy on cognoist que vos ancestres ont eternizé leur nom, dõt en est & sera perpetuelle memoire à la posterité. Ce qu'ordinairemẽt recognoissent les Pelerins qui vont en Hierusalem, pour adorer, cõme dict le Psalmiste, Ps. 131. au lieu où les pieds de Iesus-Christ ont cheminez: quand ils se remettent deuant les yeux vn Godefroy de Biliõ, l'effroy des Sarrazins, tige de vostre race, Roy de Hierusalẽ. Durant le viuant duquel, il estoit loisible à toutes personnes voyager sans crainte des barbares, & aller là, pour rendre les vœux promis à Dieu le Createur, selon que dict Dauid au Psal. 65.

Introibo in domum tuam in holocaustis, reddam tibi vota mea, quæ distinxerunt labia mea. I'ẽtreray en ta mai-

EPISTRE,

son en holocaustes, & te rendray les vœux que i'ay promis de mes leures ou bouche. Durant, dis-ie, le regne duquel, les saincts lieux estoiẽt en grandissime honneur, & visitez de tous les bons Chrestiens: là où auiourdhuy ils sont negligez, pour les grãds dangers qu'on peut rencõtrer par les chemins. Et principalement ils estoient plus frequentez par les Gaulois, ou François (cõme ie l'ay appris de S. Hierosme) que des autres nations: Car il dict, qu'en ce tẽps là, nul estoit vray Gaulois, qui n'eust esté en Hierusalẽ. Ce qui donne à cognoistre que les Chrestiẽs y estoient biẽ venus, receuz, & honorez: là où auiourdhuy ils sont battus, mocquez, & dechassez. Lors les Peregrins voyans le Royaume de Hierusalem florir en deuotiõ & charité, par la police & prudence dudit de Billon, auoient grande occasion de chãter auec liesse & gayeté de cœur ce Psalme de Dauid,

ã iij

EPISTRE.

Lauda Hierusalem Dominum, lauda Deum tuum Sion. Quoniam confortauit seras portarum tuarum, benedixit filijs tuis in te. Qui posuit fines tuos pacē, & adipe frumenti satiat te.

O *Hierusalem, Hierusalē, celebre & loüe le Seigneur: ô mont de Sion tu as grande occasion de loüer ton Dieu: car il a rēforcé les serrures de tes portes, & a dōné benediction aux enfans qui sont en toy: lequel a mis la paix en tes fins, & te rassasie de la fleur de fromēt.* Cōme si d'abondant il eust voulu dire, O vous citoyēs de Hierusalē, vous auez grande occasion de loüer Dieu, pource que par la vertu & prouësse de vostre Roy, vostre ville & Royaume sont rēforcez, de sorte que les payens & barbares en sont dechassez, & n'y osent retourner: vous auez la paix, & abōdance de toutes choses à vous necessaires, & si vous estes benits de Dieu. Mais auiourdhuy helas, ils ont plus occasion de lamenter & plorer, & dire

EPISTRE,

auec le Prophete de Dieu Hieremie, Hierusalem, Hierusalem, conuertere ad Dominum Deum tuum.

O toy ville de Hierusalem, & vous habitans d'icelle, conuertissez-vous au Seigneur vostre Dieu: s'adressant principalement aux Turcs & infidels qui la possedēt. Ie croy (ma Dame) cōme il est facile à croire, que ce grand Cheualier Mōseigneur le Duc de Guyse vostre frere, frayeur de l'heretique, auquel Dieu face paix, auoit bonne volonté de recouurer ledit Royaume, & en chasser les infidels, lors qu'il alla en Sicile (ce qui me vint en memoire lorsque i'y estois en quarantaine) pour la recouurer, comme Royaume appartenant à vostre maison: afin d'y passer auec l'ayde de Dieu, & selon le temps le recouurer aussi, & en dechasser les barbares & infidels: Mais estant rappellé par le Roy, il luy monstra combien il luy estoit obeissant & fidel ser-

uiteur, de laisser ce qu'il auoit desia cõquis par force d'armes, pour secourir
le Roy, & sa patrie. Heureux retour
pour la France: Car la ville de Calais,
occupee par l'Anglois, qui se vantoit
d'auoir encore vn beau iardin en France, fut prise par ce valeureux guerrier
en si peu de temps, que l'execution fut
plustost sceuë, que l'entreprise descouuerte, & renferma l'Anglois dedans
son Isle, de laquelle il n'est plus sorty
depuis, n'y osé entreprendre contre la
France: acte qui rend sa memoire eter-
nelle. Que s'il eust pleu à Dieu le nous
conseruer, nous ne verrions tant de di-
uisions, seducteurs, ny perturbateurs
que nous voyons auiourdhuy : Nous
ne nous verrions tãt affligez que nous
sommes. Mais, graces à Dieu, encore
reste-il de ceste tige de si excellents rameaux, & vne si heureuse lignee, de si
belles palmes, de si beaux lauriers, lesquels comme les Machabees, grãds ze-

EPISTRE,
lateurs de l'honneur de Dieu, n'espargnent leurs corps ny leurs biens pour deffendre la loy & la religion de leurs peres. Ce qui se peut voir & lire en la face de Monseigneur le Duc de Guyse vostre Nepueu, correcteur des Reistres: bref, ce qui se peut cognoistre en ceste derniere victoire, si insigne & miraculeuse, en laquelle, comme instrument de Dieu, il merite le Laurier: là où il a donné à cognoistre, auec Messeigneurs ses freres, cōbien il n'espargnoit sa vie pour la querelle de Dieu, & de sa patrie: lequel, comme ie croy, si le temps le permettoit, & qu'il pleust au bō Dieu pacifier nostre pauure France, & en esteindre les heresies, susciter vn sainct desir aux Roys & Princes Chrestiens, imitant leurs bons predecesseurs, de recouurer la terre saincte, il ne recuseroit le labeur & trauail: ains plustost inciteroit les autres, disant auec vn Matathias tāt celebré en l'Es-

EPISTRE,

criture saincte, 1. Mac. 2. Tous ceux qui ont le zele de Dieu, & de la Loy, tenans ferme le testament, qu'ils viennent apres moy. Il diroit d'abondant auec Iudas son fils, Allons, allōs maintenāt nettoyer, & renouueller les lieux Saincts. Que si particulierement, Madame, on veut considerer la proüesse de vostre vertu, & tous les offices de vostre liberalité enuers la maison de Dieu & les pauures (chose bien seante à vostre grandeur) à grand' peine vous trouuera-on vne seconde: tesmoing en est, entre toutes autres choses, le somptueux & bel edifice de vostre Eglise de S. Pierre: la renouation de tout vostre Monastere, lesquels, par vostre bon zele & deuotion, de vieux qu'ils estoiēt, sont raieunis, de gastez, reformez, & de rompus, renouuellez: Comme de mesme faict vostre catholique vie, & religieuse, vostre conuersation Chrestienne, & fidelité de vo-

EPISTRE.

stre maison, tant enuers Dieu, que le Roy, & vos liberalitez enuers les paures, le demonstrent. En consideration dequoy, & me confiant à vostre bonté & clemence, & en recognoissance de ce que ie vous doibs obeir, l'ay, selon vostre commandement, descrit ce que i'ay veu remarquable en nostre voiage: Ce que de bon cœur ie vous presente. Vous plaise dōc (Madame) l'accepter, ayant esgard à l'obeissance de celuy qui l'a descrit pour vous obeir. Vous plaise aussi excuser le rude stile, & peu d'ordre qu'y trouuerez: ayant esgard, que sur les champs, & mer, on n'a le moyen d'escrire si proprement qu'en l'estude. Et il priera Dieu (Madame) qu'il vous donne accroissement de vertus, & à vostre noble maison. De Messine en Sicile le 28. iour de Septembre, 1588.

Vostre petit seruiteur &
Peregrin, L BALOVRDET.

A L'AVTHEVR,

Huictain.

ON cognoist le Naucher au faict de la Tourmête:
On cognoist le soldat aux exploits dangereux:
La fortune souuent l'vn & l'autre tourmente,
Mais rien n'est impossible aux hommes courageux.
   Tu l'as tres-bien monstré en faisant ton voyage,
Que tu as accomply par vn heureux destin,
Lequel t'a bien guidé, à bastir cest ouurage,
Qui sera immortel, & n'aura iamais fin.

Par F. C.

Quatrain.

VN, lira ton liuret, pour apres en bien dire :
   L'autre le voudra voir, & puis en mesdira :
Or au gré d'vn Zoile, on ne peut pas escrire,
Qui voyage, ny œuure, en sa vie ne fera.

Par le mesmé.

INSTRUCTION
POVR LE VOYAGE
de Hierusalem.
AV PEREGRIN,
SALVT.

Es Egyptiens auoient coustume anciennement, quand ils auoient quelques malades ou langoureux, de les porter au milieu de la place publique: afin que ceux qui les verroient s'informassent de leur maladie, & de la cause d'icelle, pour s'en pouuoir garder à l'aduenir: & afin que si quelqu'vn y sçauoit quelque remede, il vint a le declarer, pour subuenir & deliurer le patient.

Certainement, ceste coustume, &

maniere de faire, conuient, & s'accorde a ce commun dict latin: sçauoir, *Aliorum tormenta alijs sunt remedia*, Que les torments des vns sont les remedes des autres. Et pour ceste cause i'ay bien voulu descrire (frere peregrin, qui desire aller en Hierusalem) les dangers, & les peines, par lesquelles nous auõs passez: quelquesfois par ignorance, & inaduertence, quelquesfois pensant espargner nostre argent, y despendant toutesfois au double & danger de nostre vie: les causes aussi pour lesquelles nous y sommes tombez: afin que toy, en estant premierement aduertis, tu t'en puisse garder, & n'y tomber.

Premierement, celuy qui veut entreprendre ledit voyage, il doit se disposer à le faire, seulemét auec intétion de contépler, adorer, & reuerer auec grande effusion de larmes, les saincts lieux, ausquels nostre Sauueur a enduré la passió pour nostre redéption: afin qu'il luy pardóne ses pechez & offences, & non point à intention de veoir du monde, ou du Pays, par ambition, ou exaltation de dire, l'ay esté en tel

c ij

lieu, l'ay veu cecy ou celà, & plusieurs autres choses, comme font aucuns: lesquels en ce cas, dés maintenant ils ont receu leur loyer & salaire. Semblablement, qu'il se dispose à remettre & pardonner les iniures qu'on luy auroit faict, & se reconcilier auec ceux qu'il auroit offencé, restituer ce qu'il auroit pris & robé, & viure selon la loy de Dieu, delaissant du tout le blaspheme, pour ce que sans ceste premiere disposition, tout ce qu'il feroit, luy seruiroit de bien peu, & à vray dire de rien.

Secondement, qu'il mette ordre à son faict, qu'il face son testament, & qu'il donne bon ordre à sa famille: afin que si Dieu l'appelloit en faisant ledit voyage, il n'y eust aucuns altercats ou querelles entre ses heritiers.

Tiercement, qu'il porte deux bourses, l'vne pleine de patience en affluëte, & l'autre d'argent en abondance, à tout le moins, où il y ayt six vingts escus (i'entend pour les petits compagnós) encores faut-il viure de mesnage. Pour les riches, & qui ont moyé, le plus qu'ils pourrót sera le meilleur. Quant aux especes il faut que ce soiét sacquins, qui sont ducats de Venize, ou de Turquie, en especes d'or, & reaux en especes d'argent, qui sont pieces de vingt sols d'Espagne: laquelle espece d'or & d'argent s'aloüe en Turquie, & se change ordinairement en sacquins, & sayets, qui sont la petite monnoye du pays, ce qu'il recouurira facilement au Foudigue ou logis des François en Tripoly.

Quartement, qu'il porte des bons vestemens, & quelque peu de linge, pour resister à la vermine qui regne à la marine. Et pource qu'il faict quelquesfois bien froid de nuict en Esté mesme sur la mer, & craignant que ses os & costes n'offençent le vaisseau, qu'il achete vn trapontin ou matelats, vne couuerture, & vn coussin pour sa teste: Ce qu'il achetera, & aura à assez bon marché, en la ville mesme, où il s'ambarquera.

Quant à la ville propre pour s'ambarquer, ie trouue que Marseille (qui est la ville principale de Prouence) est

é iij

plus commode pour les François, que n'eſt pas Venize : En laquelle tous les ans on rambarquoit & menoit quelque quantité, auant la priſe de Chypre, au iour de l'Aſcention : ce qui ne ſe faict plus maintenant, & ce pour pluſieurs cauſes & raiſons.

Premierement, pour ce qu'à Marſeille en tout temps, en hyuer, & eſté, il y a vaiſſeaux qui paſſent ordinairement en Tripoly, & Surie, s'il n'y a guerre entre le Roy & le Turc.

Secondement, pour plus grande cômodité : car il ne faut ſortir de France, ny changer monnoye iuſques là, ce qu'il faudroit faire par autre lieu.

Tiercement, pour le petit prix & amitié des Marſelois : auec leſquels la nation meſme eſt mieux venue qu'vne autre.

Quartement, pour la briefueté du chemin : car on pourra eſtre auſſi toſt de Paris à Tripoly, ſi Dieu veut, & l'occaſion ſe preſente, que de Paris à Venize, là où tu ne trouueras pas tant d'amitié, qu'auec ceux de ta nation.

Quât aux viures, le meilleur eſt d'en

conuenir auec le Patron, que de l'accommoder foymefme, i'entend pour les petits compagnons, comme moy: & fi i'entend du viure & du paſſage enſemble. Et pour ce que la pluſpart des paſſagers qui n'ont encores eſté ſur mer tombent ordinairement en maladie de cœur, par l'air d'icelle, ou bien par l'eſbranlement des parties interieures, agitees du mouuement du vaiſſeau, il eſt beſoin, auant que s'ambarquer, eſtre ſobre & prendre quelques choſes confortatiues, comme canelle, cloux de Girofles, amandes, raiſins, quelque ſaulſiſſon, codignac, & autres friandiſes, pour ſe remettre en appetit: car le vomiſſement eſt quelquesfois tel, qu'il degouſte la perſonne du tout. Et pource que quelquefois le pain ou biſcuit ſe donne par poix, ſelon le mauuais temps qui peut arriuer: ce ne ſera mal faict en faire prouiſion de quelque peu, pour ſubuenir quand l'appetit le requerra: Car on ne diſne, ne ſoupe qu'à l'heure ordinaire, & habillement, puis rien par apres.
Au reſte, il conuient eſtre humble par

tout & en tout: car sans humilité on ne peut aller auāt, amiable, & de bon accord, bien seruir à Dieu, sur tout se recommander à la vierge Marie, à son bon Ange, & à la Cour celeste. Quād on entendra quelque iniure, soit des infidels, ou autres, il faut estre comme si on n'auoit point d'oreilles, & endurer patiemmēt pour l'amour de Dieu. Quand tu arriueras en Tripoly, vse du conseil du Patron, auāt que sortir ton argent, & fais selon qu'il te sera conseillé. Là, le Consul mesme qui est pour le Roy & la nation, te pouruoyra d'vn homme pour te mener en Hierusalem, lequel respondra de ta personne deuant ledit Seigneur, selon l'aduis duquel le Peregrin se gouuernera. Du reste, tu en pourras estre instruict par le discours suiuant.

ADSIT PRINCIPIO VIRGO MARIA MEO.

In nomine Domini nostri
Iesu Christi, Amen.

LA GVIDE DES CHEMINS
POVR LE VOYAGE DE
Hierusalem, & autres villes &
lieux de la Terre Saincte.

Par M. Loys Balourdet, Prestre,
Chanoine d'Auenay.

Du chemin depuis la ville de Reims iusques
à Troyes. CHAP. I.

LE Pere d'Eloquence, Ciceron, dit, que nous ne sommes pas nez seulemét pour nous-mesmes, mais aussi pour seruir & procurer le bien & auancemét de nostre Patrie. Me confiant en la grace du Tout-puissant, sans l'assistance duquel nous ne

A

La guide des chemins

pouuõs rié executer, l'ay, en faueur de ma Patrie, & de tous les fideles Chrestiens, & Catholiques, & selon mon petit pouuoir, voulu rediger par escrit, & mettre en lumiere ce que i'ay peu recognoistre & remarquer de rare & singulier en ma peregrination & voyage de Hierusalem, & autres villes & lieux de la Terre Saincte, & particulierement les chemins & adresses de villes en villes, pour la cõmodité des deuots Pelerins qui le voudrõt entreprendre. Ie commēceray donc l'entree de mon voyage a la ville de Reims, Archeuesché, & capitale de nostre Patrie: Auãt que partir, qui fut le 29. iour de Ianuier, 1588. nous demandasmes congé à Monseigneur le Cardinal de Guyse, nostre Archeuesque & bon Seigneur, lequel ayant entendu nostre volonté, & deliberation, & s'estãt informé des moyens que nous auions pour faire ledit voyage, nous le donna volontiers, auec sa benedictiõ, & vn passeport. Il faut remarquer, qu'il y a excommunication pour ceux qui võt en Hierusalem sans la permission de noſtre S. Pere: pource que pluſieurs y ſont allez, leſquels n'ayans les moyens de payer les tributs au Turcq, ont eſté arreſtez, contraints, n'en pouuans eſchaper, ſe faire renegats, ou renier la Religion Chreſtienne, & ſe faire Turcqs, ou Eſclaues, au grand deſauantage des Chreſtiens: Car ayans conuerſé auec nous, & ſçachans nos façons de faire, ils exercent quelquesfois plus d'inhumanitez enuers les Chreſtiens que les Turcqs meſmes. De la ſaluation deſquels, ſoit qu'ils ayent renié le Chriſtianiſme, ou par crainte, ou par force, ou pour eſtre à leur ayſe, ie ne veux iuger, ny diſputer. Toutesfois vne choſe ſcay-je eſtre en l'Eſcriture, proferee de la propre bouche du Fils de Dieu, ſçauoir, *Celuy qui me confeſſera deuant les hõmes, ie le confeſſeray deuant Dieu mon Pere.* Donc pour obuier à ces inconueniens, à iuſte raiſon noſtre S. Pere a excõmunié, & excõmunie ceux qui y vont ſans ſa permiſſion. Il vaut mieux qu'ils demeurent en leurs maiſons, aſſeurez de faire leur ſalut, ſelõ leur petit pouuoir, que d'aller là, & eſtre en danger de re-

A ij

nier Iesus-Christ, & se perdre. Mais on
pourra obiecter, Ceux qui ont voüé de
faire ledit voyage, commét est-il possible qu'ils puissét aller au S. Pere, pour
auoir sa permission, quand ils n'ont
pas les moyens? A quoy ie responds,
Qu'il y à des Indulgences assez souuét
en forme de Iubilé, lesquelles mesmes
donnét permission à tous Prestres ap-
prouuez de l'Ordinaire, d'en absou-
dre, & cōmuer ledit voyage en autres
œuures, selon le iugement du pere Cō-
fesseur. Et dauantage, M. nostre Archeuesque, comme Legat né du S. Siege
Apostolique, bien informé des facul-
tez de ceux qui voudront entreprédre
ce voyage, à pouuoir d'en disposer, &
donner licence. Quand nous fusmes
arriuez à Hierusalem, nous fusmes sa-
luer le Pere Gardian, Cōmissaire Apostolique, & Vicaire du Pape, auquel
nous exhibasmes nostre permission:
Il ne fit difficulté de nous licencier, ce
qu'il n'eust faict, s'il n'eust recogneu
mondit Seigneur pour Legat né du S.
Siege, comme il est. Donc celuy qui
n'aura la cōmodité d'aller par Rome,

ou auoir vn congé de Rome, pour le mesme faict, prendra permission de mondit Seigneur, pour esuiter ladite sentence. Au partir de Reims faut aller à Mateuil, & là passer la riuiere de Marne, & y a cinq lieües: puis faut aller à Vertus quatre lieües: de Vertus au bourg de Plancy huict: De Plancy aux Chapelles deux, & des Chapelles à la ville de Troyes, six lieües.

De la ville de Troyes, iusques à Chastillon sur Seine. CHAP. 2.

NOvs arriuasmes en la ville de Troyes le Mardy 2. iour de Feurier, iour de la Purificatiõ de la sacree Vierge Marie: Laquelle ville, comme elle est dite en Champaigne, aussi est elle en vne belle Campagne, arrousee de la riuiere de Seine, qui bat aux murailles, & passe par dedans ladite ville. La principale Eglise est dediee soubs le nom de Dieu, à monsieur S. Pierre Prince des Apostres, fondee par S. Potentian Disciple de S. Pierre: lequel apres la mort de son maistre annonça le premier la foy aux Troyés Gaulois.

A iij

Auquel iour de Purificatiō, l'Euesque dudit lieu celebra la grande Messe en pontificat, là ou nous assistasmes, apres que nous eusmes celebré en l'Eglise des Cordeliers : Et pour la reuerence de la saincte iournee nous ne passasmes plus oultre. Le landemain, iour de S. Blaise, nous vinsmes du matin à vn village nommé Fouchiere, distant de Troyes quatre lieües, ou nous prismes nostre refection. Nostre giste fut à Bar sur Seine, petite ville assez gaillarde, à deux lieües dudit Fouchiere. Le iour ensuyuant nous eusmes rude iournee de pluye, neige, & gresle, qui nous dōnoit directement à la face : & en tel estat nous vinsmes à Mussy l'Euesque, distant de Bar quatre lieües. Mussy est vne petite ville assez belle, arrousee de la riuiere de Seine, lieu Episcopal de monsieur l'Euesque de Langres, a cause dequoy elle est surnommee l'Euesque. De là, nous prismes chemin à Chastillon, distant trois lieües : Et vne lieuë auant ledit Chastillon comméce la Bourgoigne. A costé dextre y a vn mōt haut esleué, dit le mont Rossillon, sur lequel au temps passé, côme ie l'ay appris d'vn homme lettré dudit lieu, y auoit vn chasteau fort a merueille, appartenant au Duc de Bourgongne, qui fut assiegé par lôgue espace de temps auant que d'estre rendu, & du depuis razé, & y a encores apparence de ce. Il me dit aussi, que le Roy en son Sacre fait serment, que iamais il n'y bastira. Au pied de ladite môtaigne y à vn pôt par ou ordinairement passoiét les Reistres venans en France. Nous veismes aussi quelques fosses d'aucuns Reistres du Camp qui passa pardeuant ledit Chastillon l'an 1587. lequel par apres, par prouidence diuine, fut dissipé par Môseigneur le Duc de Guyse à Montargis & Auneau : Victoire digne de memoire pour la posterité. Nostre giste fut à Chastillon.

De Chastillon iusques à Dijon. CHAP. 3.

CHastillon, ville assez antique, & de grād circuit, assez mal fermee: Par dedans laquelle passe la riuiere de Seine, qui ne paroist encore que petit ruisseau: Elle est de belle assiette, assi-

A iiij

La guide des chemins

stee d'vn Chasteau. Dudit Chastillon nous vinsmes disner à S. Marc, village distant 4. l. dudit Chastillon, & gister en vne bourgade, nómee Baigneu les Iuifs, a cause que le temps passé elle en estoit peuplee. Le iour ensuyuant nous passasmes à Chácio, village fermé, distant de l'autre 3. l. par S. Seine bourgade, en laquelle y a vne belle Abaye, 3. l. & gistasmes au val de Suzun, distant de l'autre de 2. l. En descendant audit val, autremét dit vol, à cause des volleurs, nous trouuasmes vn corps, mägé en partie, & rongé par les bestes, encore frais toutesfois : Ce qui nous espouuenta, de veoir vn si piteux spectacle, doutant qu'il eust esté massacré par les volleurs, ou par peste : Toutesfois on nous dit au village, que c'estoit vn Suysse, & qu'en cest endroit il y en auoit eu des deffaits, pensans se retirer de France. Audit val y à vne bóne Hostellerie : toutesfois selon la bourse il faut gouuerner la bouche. Le lendemain iour de Dimanche, ie celebray Messe, auant que partir, en vne chapelle dediee à Dieu, soubz le nom de *pour le voyage de Hieruf.*

la Magdelene. Du long dudit val paſſe vne petite riuiere nōmee Suzun, fertile en Truytes, laquelle il faut paſſer, puis monter la montaigne : au haut de laquelle ſe veoit le ſault du Mercier, qui pourchaſſé des volleurs, ſe ietta en bas de la montagne, s'eſtant recommādé à Dieu, & à mōſieur SainctClaude, par l'interceſſion duquel il fut preſerué de mal, & pourſuiuit depuis les volleurs petit a petit tāt qu'ils fuſſent executez. Nous paſſaſmes pres de Talen, petite ville bien forte, eſleuee ſur le faſtige d'vne montagne, qui regarde dās la ville de Dijon, en laquelle nous ſeiournaſmes le reſte de la iournee, pour eſtre le temps trop difficé. Il y a dudit Suzun à Dijon 3. l.

De Dijon en Bourgongne iuſques à Chalon ſur Saone. CHAP. 4.

LA ville de Dijon eſt en vne plaine, belle ville, forte, & capitale de la haute Bourgōgne, au Palais de laquelle ville demeurent ordinairement les Gouuerneurs de la Prouince. En icelle ville y a pluſieurs belles Egliſes &

A v

La guide des chemins

dignitez, desquelles la principale est la saincte Chapelle, en laquelle on veoit tous les premiers Dimanches des mois la saincte Hostie, qui ietta sang estant poignardee par vn Iuif. Le Pape Eugene portant affection au Duc de Bourgongne, luy enuoya lan 1431. pour estre sa ville decoree d'vn tant precieux ioyau. En memoire du miracle, Mõseigneur le Duc de Mayenne, Gouuerneur de ladite Prouince, aymant la beauté de la maison de Dieu, y a fait vn present tres-excellent, sçauoir vne Lampe d'argent, aornee de pierreries, & façons excellentissimes: Ce qui demonstre l'affection qu'il a enuers saincte Eglise. Pleust à Dieu que tous ceux qui y prennét fussent à luy semblables, on en verroit les Eglises decorees, & le seruice augmenté. Certainemét ceste Prouince se doit estimer heureuse d'auoir pour Gouuerneur vn tel prince, doué de tant de rares & singulieres vertus, & le peuple d'icelle en rendre graces à Dieu, & le prier, à ce qu'il luy plaise leur vouloir cõseruer, tant pour eux particulierement, que pour le bien

& manutention de son Eglise, & Religion Catholique en ce Royaume. Se veoit aussi en ladite Chapelle, a costé senestre de l'autel, le Sepulchre de mõsieur de Tauanne, fait en Albastre, doré, & enrichy au possible. Plus y à en ladite ville vn Temple fort antique au Monastere de S. Benin, premier Apostre de Bourgógne: lequel Temple est faict à la forme de celuy de Salomon, là ou les Iuifs demourans en ladite Prouince tenoiét leur Synagogue. Du sommet duquel Temple S. Benin sauta en bas, estant poursuiuy par lesdits Iuifs, ausquels il annonçoit l'Euágile, puis apprehendé par iceux, il fut percé de deux lances, cõmençant aux costez, & sortant par les espaules: & ainsi le martyr de Dieu rendit l'ame. Le Lundy matin, auant que partir, ie celebray Messe en l'Eglise S. Nicolas, puis nous prismes le chemin à vne petite ville, nommée Nuict, distante de Dijon de 4. l. là ou mondit Seigneur le Duc de Mayenne faisoit trauailler pour la fortification d'icelle: De là à Beaune, & y à 3. l. Sur le chemin il y à vne Eglise,

La guide des chemins
qu'on nóme noſtre Dame du chemin, là ou, comme on nous dit, les enfans morts-nez apportez retournent à vie, iuſques à ce qu'ils ayent receuz le S. Sacremét de Bapteſme: Ce qui ſe peut faire par l'interceſſió de la Vierge Marie. La ville de Beaune eſt petite, bien forte, & aſſiſtee d'vn fort chaſteau. Il y a en icelle vn Hoſpital treſ-excellét, qui a eſté fondé & baſtit de l'argent & rançon des Gantoys, qui s'eſtoient reuoltez contre leur Duc, ſçauoir le Duc de Bourgongne. Audit Hoſpital ſont receuz tous pauures, bié traitez, & ſollicitez, exceptez les lepreux, verollez, & peſtiferez. Dudit lieu de Beaune, no' vinſmes diſner à 3. l. au village de Damigny, puis à Chalon, 2. l. ou pour le temps faſcheux nous fallut demeurer au giſte.

Le chemin de Chalon ſur la Saone iuſques à Lyon. CHAP. 5.

CHalon ſur la Saone, eſt vne ville de belle eſtédue & longue, aſſiſtee d'vne forte Citadelle: Au milieu de laquelle ville paſſe la riuiere de Saone,

pour le voyage de Hieruſ. 7

qui va tomber à Lyon: ſur laquelle riuiere ſont les molins tournants, poſez ſur deux baſteaux, qui les conduiſent au plus fort de l'eaüe. Ladite ville eſt fortifiee, & ragrandie de nouueau, enuironnee de beaux bouleuers. Il y à Eueſché & College de Chanoines, fondez en l'Egliſe Sainct Vincent. De ladite ville on va à Lyon plus habillement par eaüe que par terre, ſi la commodité ſe preſente: Toutesfois qui a de l'argét trouue touſiours cómodité: Puis de Lyon à Marſeille, là ou on ſe peut embarquer. Le chemin noº eſtoit bien le plus court, mais le plus dangereux. Donc partant de Chalon nous paſſaſmes par vn Bacq proche: puis enuirõ deux lieües apres nous paſſaſmes vne autre moyéne riuiere, nommee la Grone, & des marets faſcheux en téps d'hyuer. Vne lieuë plus auant eſt vn village nó mé Senecé, auquel il y a vn beau & fort Chaſteau. Faut icy notter, que les lieües de Bourgógne ſont plus grandes que les Françoiſes. Dudit village de Senecé nous vinſmes loger à Tornu, diſtant de deux grádes lieües.

La guide des chemins

Tornu est vne petite ville assez bien fermee, situee sur le bord de la Saone. Il y à vne Abaye, tenant à la ville, de l'ordre S. Benoist, qui luy sert de Citadelle, le patron est S. Philbert. En ladite ville nous fusmes mal accommodez de logis, car nous fusmes quasi gelez la nuict : Et ce qui nous tourmenta dauantage, c'est qu'il y auoit vn malheureux gendarme en ce mechanique logis, qui renia Dieu trois fois auant q̃ se coucher, & toute la nuict il ne cessa de rouler, cõme vn corps plein de mauuaises infections : Plus les linceux ou nous estions couchez estoient de tresmauuaise odeur. Et pour nous recompenser, on nous donna en eschãge d'vn escus vne piece de vingt sols faulse. Ce bon traitemẽt par nous receu t'enseigne de te loger en lieu honneste, & bien regarder l'argent qu'on te rendra. Le iour suiuant nous vinsmes passer à Mombelet, 2. l. Faut aussi passer la riuiere de Mouse, puis nous ariuasmes à Mascon, 3. l. pres de Mõbeler. Mascon est vne ville, & Euesché, ou il y à College de Chanoines en l'Eglise S. Vincent: Laquelle Eglife fe reffent encore de la rage des Heretiques, comme plufieurs. La riuiere de Saone frappe aux murs d'icelle. De Mafcon nous vinfmes gifter en vn village nómé Sainct George des Romains, loing de 5. l. De là à Ville Franche, petite ville : Puis à Ens, ville tombant en ruine, diftant de S. George 3. l. Nous fallut paffer la riuiere nommee Azergue, auec le Bacq. De là à vn petit hameau, puis faut móter la mótaigne, du fommet de laquelle on veoit le mont de Lyon, & y a encore 4. l. ou nous arriuafmes le Samedy 12. de Feurier, 1588.

De Lyon iufques à Chambery, premiere ville de Sauoye. CHAP. 6.

LYon eft vne ville de grande eftendue, & cloftute, fermee en partie de mótagnes, & en partie de la riuiere du Rofne, la Saone paffe par le milieu de la ville, & le Rofne du cofté du Daulphiné arroufe les murailles : lefquelles riuieres fe ioignent enfemble au bout de Lyon, puis toutes deux, auec gráde viftefle vont tomber en la mer, passant premierement par Vienne, puis à Tournon, Vniuersité: de là à Valence, puis au Pont S. Esprit, de là en Auignon, ville de Pape, puis à Arles, en Prouence, puis de là en la mer: lequel chemin est le plus court pour aller à Marseille, mais le plus dangereux pour lors. En la ville de Lyon y a Archeuesché en la gráde Eglise, dediee à sainct Ieã, où i'ay remarqué des ceremonies qui ne s'obseruér en nos quartiers: sçauoir que celuy qui porte la Croix en la procession porte la mitre, cóme Euesque: le Prestre qui celebre, le Diacre, & soubs-Diacre en vsent aussi, tant en la grande Eglise, qu'aux autres paroisses. En ladite Eglise n'y a point d'Orgues: Et la raison est, cóme ie l'ay entendu d'vn Ecclesiastique, qu'il aduint qu'vn iour celebre l'Organiste iouoit, & sohnoit sur l'Orgue durant l'eleuation, non par deuotion: mais plustost pour complaire a vne femme deshonneste qui estoit en l'Eglise: qui fut la cause, que Dieu irrité permist que le Diable, auec grand tónerre, rompit le col à l'Organiste, & emporta les Orgues: Ce que cognoissant l'Archeuesque, auec le Clergé, firent profession, que iamais, craignant tel accident, ne permetteroient qu'il y eust Orgues en ladite Eglise: Laquelle aussi, comme plusieurs de nos quartiers, se ressent encores de la rage des heretiques: car autant d'Images qu'il y a autour de l'Eglise, elles ont la teste tranchee, cóme à Soissons, Meaux, & autres lieux. Nous partismes d'icelleville le iour de la Septuagesime, enuiron deux heures apres midy, & vinsmes nous loger à la rouge maison, loing de Lyon 2. lieuës en Daulphiné. Que si on demáde pourquoy nous prismes tel chemin, pour aller en Marseille, voyant que par le Rosne c'est le plus court, & si de Lyon à Marseille on peut estre en 4. iours: Ie respond qu'il est vray, mais lors ce n'estoit pas le plus seur: Car les Huguenots (comme nous fusmes aduertis par vn Gentilhomme qui y auoit esté attrapé, & mis au blanc) tenoient si exactement les chemins, qu'impossible estoit d'esuiter la prise ny de nuict ny de iour: Mesmes auoient bien tant entrepris, que d'attenter sur la ville de Grenoble. Ce n'eust esté sagemét fait à nous, de nous enfiller dans les lacqs de nos ennemis: Car estans recogneus pour estre d'Eglise, ie croy qu'ils eussent acourcy, voire terminé nostre voyage. De la rouge maison nous vinsmes à la Verpillere, petite ville tombát en ruine, distant de 4. l. là où nous prinsmes nostre refection: De là au giste à la Tour du Pin a 4. l. qui est vne Bourgade auec vn Chasteau. Le lédemain nous passames au Pót Beauuoisin, qui sepafre le Royaume de Fráce de la Sauoye, qui est vn Bourg assez plaisant, & y a de la Tour de Pin 3. l. lesquelles commécent a en valoir vne autant comme deux de France. De là fallut venir à Aiguebellette, qui est vne petite Bourgade au pied de la mótagne, commencement & entree de la Sauoye, où il faut prendre passeport, & se comporter & diriger son chemin, selon ce qu'il portera: tellemét que s'il dict, qu'il faille passer par vn village, il faut y passer, & y prendre là bouleta, pour obuier à la quarátaine qu'on fait faire à la Noualaize. Nous môtasmes la montagne, au pied de laquelle y a vn bien grand lac: ladite môtaigne apprend à souffler, & suer ceux qui n'ont accoustumé de monter: car elle est vne des plus difficiles pour vne traicte, qu'on sçauroit trouuer: En descendãt, nous allions plus que ne voulions, & si la nuict nous surprint, tellemẽt que nous nous perdismes: toutesfois errãt ça, & là, par la neige, nous trouuasmes vne pauure maison, où nous logeasmes, là où la fumee nous fist tant de peine, qu'enfin elle nous fist quitter la place, & quelque froid qu'il fist, nous aymions mieux estre à la neige, qu'à la maison. Il vaut mieux quelquefois loger de bonne heure, que tomber en tel inconuenient, quand mesme il seroit question d'auancer demye iournee. De là, le matin, nous vinsmes à Chãbery, 3. l. par delà Aiguebellette.

Le chemin depuis Chambery iusques à Turin, ville en Piedmont. CHAP. 7.

NOus donc estãs entrez en Sauoye, qui est vn petit pays fermé de

La guide des chemins
montaignes, ainsi appellé, comme ie croy, pour le chemin qui y est si estroit, qu'à grand' peine deux mulets y sçauroient aller de front : à cause dequoy, sauf autre opinion, elle est appellee Sauoye, comme son chemin. Elle a pour ville capitalle & principale, Chambery, où il y a Parlement, assez belle ville, & petite, assistee d'vn Chasteau du costé de Fráce : aux fossez de ceste ville on voit baigner les Cynes, & se plaisanter, là où nous fallut monstrer nos passeports, auant que passer outre. De là nous vinsmes à vn petit Hameau, où il y a vne Abbaye de Cordeliers, où S. François a faict de grands miracles : là où aussi y a vn Commissaire estably & ordonné par le Duc de Sauoye, lequel a la charge de visiter les passans, & leur donner encore passeport : Ce qu'il ne faut oublier à prendre : craignant de ne passer plus outre, & faire ce que ledit passeport portera. De là nous vinsmes a Mõtmelran, au terroir d'iceluy croist le meilleur vin de Sauoye, où nous prismes nostre refectiõ, puis nous vinsmes pour passer le põt qui est basty de

Sapin sur la riuiere du Iart, qui va tôber dans le Rosne, où il fallut encores monstrer nos passeports, ainsi comme a la porte. De là nous vinsmes loger a Borent, & y a 4. l. Il faut prendre par tout où on couche attestation, ou du Curé, ou d'vn homme, qui est deputé pour ce faict. Le iour suiuāt nous vinsmes disner à Espierre, loing de 4. l. petit village assis sur le bord de ladite riuiere. De là, au village nōmé la Châbre, puis au giste à Pōtamasré a 3. l. Le matin ensuiuant, nous passasmes par S. Iean de Morienne, petite ville, & Eueschéde Sauoye, distant vne l. de Pontamafré. De là, a S. Gelin, où en passant on sonnoit l'alarme à l'encontre des Loups, lesquels la nuict precedente auoient mangé vne femme, & bien quatre vingts personnes auparauant: On en print quelques vns, qui estoient grands a merueille, & presque blancs, comme on nous recita. De la, nous vinsmes a S. André, village a 4. l. auquel nous prismes nostre refection, & coucher a Modane, bourg, a deux l. Le iour suiuant, la disnee fut a Lannebourg, au pied du mont Senys, & y a 4.l. Depuis nous prismes les asnes de loyer, pour môter, a cause de la neige qui estoit glacee. Ledit môt est des plus hauts qui soient a monter, car il contient bien vne lieuë & demye ou plus: le sommet est vne plaine bien lôgue, & puis il est fort difficile a descédre. Nous nous perdismes sur le sommet de ceste plaine, car laissant nostre bô chemin qui est a gauche, nous prismes a droict, qui nous causa vn tel dáger, que sans la grace de Dieu, nous eussions esté enuelopez dans la neige, qui y estoit lors en tres-grande abondance. Dessus ledit mont y a vne chapelle, nommee la chapelle des Transsis, & vne tauerne pour y reprédre son haleine. On voit aussi sur ledit mont les nuees s'arrester, & dissiper, a cause de sa hauteur : ce qui se veoit aussi sur les monts circonuoisins. En passant, nous en rencontrasmes vne fort espoisse, laquelle obscurcit le iour de telle sorte, que nous ne sçauions ou nous allions. Au milieu de la descente y a vn village. Estant descendus, nous vinsmes au village de Noualaize, là ou nous côuint entrer en la quarantaine, ou retourner d'où nous venions, pour ce que seulement nous auions failly a passer par Aiguebelette, & prédre le bouleta, selon nostre premier passeport. Nous fusmes dóc enfermez en vne chambre auec des gensdarmes, qui reuenoient de France, & gardez comme malades, ou en danger de peste: Lesquels soldats le plus souuent apres le vin, & le ieu s'entrebattoient: tellement que nous estions mal dressez. Il nous conuint, pour passer outre, enuoyer vers le Magistrat, pour auoir permission: ce qui nous fut accordé, toutesfois auec guide, tousiours pour auoir argent: auquel guide fut taxé vn escus & demy, pour nous conduire dix lieues: Fallut aussi, pour exaction du passage, a chacun vn teston, au Commissaire vn, & vn à son Secretaire, lequel n'estant content de cela, nous fit vn mauuais tour, comme entédrez cy apres: Nous sortismes donc de quarátaine le 24. de Feburier, & auec nostre guide nous vinsmes en la ville deSuzé

La guide des chemins
Euefché, où il faut faire figner le bouleta. Delà nous vinfmes prendre la refectiõ a Bourcelin ville, loing de Noualaife 3. l. & pour logis, a vn village nommé S. Ambroife. Enuirõ vne l. & demye deuant fe voit vne groffe pierre fendue, qu'on dict Rolãd auoir fendu auec fon efpee durandal: En figne dequoy, il eft depeint a la muraille d'vne maifon tout deuant la pierre, monté a cheual, & tenant fon efpee. Vn peu plus auant y a vn Chafteau haut efleué fur vn roch, dict le Chafteau S. Michel, où il y a vne Abaye. Et de Bourcelin a S. Ambroife y a 3. l. de Piedmont. Au pied de ladite montaigne commence le Piedmont, comme terre fituee au pied des monts. De S. Ambroife nous vinfmes a Riuolles, petite ville, & y a 3. l. & de là à Turin 3. l. où nous arriuafmes le Mercredy 23 Feurier.

De la ville de Turin iufques à la Cité de Nice en Prouence. CHAP. 8

TVrin, a ce que i'ay peu confiderer, eft vne ville de belle affiette, & forte, fiege, lieu, & demeurãce du Duc
de

de Savoye, laquelle est assistee d'vne belle Citadelle du costé du Daulphiné, laquelle aussi peut estre enuironnee d'eauë, car il y passe vn petit ruisseau enuiron de cinq ou six pieds. Du costé de la riuiere de Pau est le Palais & Chasteau du Duc, auec ses Iardins respondens sur les fossez de la ville. Ladite riuiere est proche enuirõ de deux traicts d'Arbalestre, auec vn fauxbourg. Elle porte basteaux, qui vont descendre en Italie. Apres que nous eusmes pris nostre refectiõ audit fauxbourg, nous passames le pont, & vinsmes loger a Montcalier, ville antique, 2. l. loing de Turin : Elle appartenoit antiquemẽt, auec le Chasteau au Duc de Nemours. Le iour ensuiuant, iour de S. Mathias nous disnasmes a Carignan, petite ville, toutefois les murailles sont en ruine, & y a enuiron 4. l. De là, nous vinsmes a la ville de Sauillan, laquelle le Roy rendit au Duc de Sauoye, auec Pignerolles, en retournant de Polongne : Et y a de Carignan enuiron 4. l. Nous vismes en ladite ville les dãces celebrees aux bachanal-

B

les, malgré nous toutesfois : car au lieu de nous reposer, nous fusmes conduits & menez au Gouuerneur de la ville, pour estre interrogez la où nous allions, & d'où nous venions : iceluy dançoit, & là, nous fallut attendre iusques a ce qu'il fust las de tel ieu, lequel en sortãt nous interrogea, puis nous laissa aller. La ville de Sauillan est assez belle, entourée d'eaüe, & a esté fortifiee par les François du temps du Roy François. Le iour suiuant, nous vinsmes disner en vn village dict Tarentade, a 3. l. de Sauillan. De là à Cony, ville des plus fortes de Piedmond, esleuee sur vne petite montaigne, assistee d'vne Citadelle : nous fusmes arrestez a la porte d'icelle, puis admis a passer. Nous vinsmes pour prendre la bouleta, où nous fusmes arrestez, pres d'estre mis en prison : ce qui aduint par la malice du Secretaire de Noualaize, lequel auoit falsifié nostre passeport, & y auoit mis dessus, que là où on nous trouueroit sans guide, on nous mist en prison : Or nous auions laissé nostre guide, qui nous auoit conduit iusques a Carmagnolle, où il nous dict qu'il estoit assez auant, & qu'il vouloit argent pour s'en retourner, auquel nous obtemperasmes: ioinct que nous n'entendions point la langue piedmontoise ou Italienne en laquelle estoit nostre passeport escrit, ce qui nous causa tel affaire, dont nous-mesmes nous portions nostre condamnatió: mais le bō Dieu nous ayda, car il suscita vn Daniel, qui cogneut la malice dudit Secretaire, & ie fis priere au Lieutenant dudit lieu auec instance de nous laisser aller, ce qu'il fit à la fin, & nous donna vn autre passeport que celuy-là, lequel il deschira. Partans donc de Cony, nous vinsmes loger à Albourg, a 3. l. qui est vne bourgade dependéte du Marquisat de Saluces apparrenant à la Couronne de France. Le iour ensuiuant no⁹ vinsmes repaistre à Dalimon village au pied de la montaigne de Col, autrement dict le Col de tende, qui contient vne l. à monter, & autant à deualler, qui font 5. l. depuis ledit Albourg: Ladite mótagne estoit couuerte de neige de la hauteur d'vne pic-

B ij

La guide des chemins

que, depuis le pied iusques au sommet. De là nous passasmes à Tende, bourgade, puis à Sourche au giste, où nous arriuasmes enuiron à dix heures au soir, par vn chemin pierreux, & tres-dangereux : Car les roches sont si hautes, qu'il faut faire estat de veoir du sommet d'icelles des abysmes si profonds & effroyables, qu'il ne conuient attendre fors la mort, a ceux qui tant soit peu variét d'vn costé ou de l'autre. Sourche est vne bourgade assise sur la croupe d'vne môtaigne, auec vn Chasteau entaillé dâs le roch, & y a du pied de ladite môtaigne iusques là six grâdes lieuës. Le lendemain Dimenche de Quinquagesime, nous vinsmes encores monter vne grande montaigne, où vn muletier me fit grand plaisir, me donnât à boire en son baril. De là, no⁹ vinsmes disner à Sospice, bourgade, & y a 3. l. & coucher à l'Escarine, bourgade, 5. l. Le iour suiuât nous vinsmes à la Cité de Nice a 3. lieuës.

De Nice en Prouence iusques à Marseille.
C H A P. 9.

LA ville de Nice en Prouence, tant debatuë anciénemét par les Roys de France, & principalement par le Roy Fráçois, qui la debattoit, pource qu'elle auoit esté engagee pour quelque argent, est forte ville, à cause d'vn Chasteau qui y est, qui cómande à la ville, & sur la mer, qui fut assiegée par Barbe-rousse Lieutenant du Turc, du temps du Roy susdit, & en sa faueur, sans toutesfois pouuoir estre prise. Elle est aussi marchande, à cause de la mer qui bat aux murailles. L'Euesché est à S. Reparat, assez peu en ordre. Ie celebray Messe le iour du Mardy deuát Karesme en ladite ville, en l'Eglise des Carmes, puis le lendemain nous mótasmes sur mer, en vne bariquelle, chargee d'Oranges (car là est la vraye affluence) pour aller à Marseille, craignát aller par terre à cause du bois de l'Extrect, dangereux pour les voleurs. Nous prismes aussi pain, vin, & figues pour prouision. Ce iour nous vinsmes à Antibe, port, ville, & chasteau, appartenant au Roy. Le iour ensuyuant à Freieux au giste, ou il y a vne plage de mer. Ledit Freieux est ville, Euesché, là ou Iules Cesar a dōné autrefois bataille aux François : Se veoit deuāt ladite ville vn pōt haut esleué sur terre, sur lequel on tiét que ledit Cesar faisoit passer vne petite riuiere d'eauë douce pour sa commodité. De Nice à Freieux y a 7. l. tant par mer que par terre. Le Vendredy suyuant nous mōtasmes sur mer, mais le vent nous cōtrariant, nous fusmes contraints prédre port derrier vn roch pres de Sintropet, qui est ville & port. Le vent estant aucunemét appaisé, le Patron, à nostre priere toutesfois, commença à prédre chemin : Mais nous rentrasmes de fieure en chaut mal : car si tost que nous fusmes en haute mer, nous commençasmes a experimenter les dāgers qu'on y court. Nostre vaisseau estoit si petit, & le vent si impetueux, que nous pensions de moment en moment estre engloutis : Et fusmes esmeus de crier cōme les Apostres, *Domine, salua nos perimus*. Le Patron fut contraint tourner voile, & nous conduite a bord entre deux rochers au pied d'vne tour nommee la Coladiere, qui est haute éleuee, comme il y en a par tout sur le bord de la mer pour gardes. Ayans là attendu le vent opportun iusques au Dimanche des Brandōs, & ennuyez de tant attendre, nous priasmes le Patron de nous mettre à terre, & veinsmes-nous en vne petite bourgade nommee Ramatuel, puis au giste à Borme, à 6. l. de Ramatuel. Borme est en Prouence, petite ville, situee sur vne montaigne, auec vn chasteau au milieu d'icelle ville. Là le premier Dimāche de Caresme nous y vismes vne bande de penitens blancs, ce que n'auions encores veu, qui faisoit procession, auec des falots & lanternes: les autres estoient à dancer d'autre costé, qui estoit chose bien contraire à veoir & cōsiderer. Le Lundy suiuāt no⁹ vinsmes disner à Hiers, ville du Roy, & y a 3. l. De là, nous vinsmes au giste à Toulon, ville & Euesché, où le matin nous nous embarquasmes, pour aller à Marseille, & y arriuasmes sur les dix heures du soir.

B iiij

La guide des chemins
De la ville de Marseille, & de ses enuirons.

CHAP. 10.

Marseille, la principale ville de Prouence, est ainsi nommee, cóme ie croy, à cause de sa situation sur le bord de la mer, laquelle vient battre iusques aux murailles de la ville : Car mar, en Prouençal, signifie mer, & seille, qui vient du mot latin *salio*, qui signifie saulter, comme si on disoit, mer saillant, ou saultant aux murailles : ou bien elle est appellee Marseille, quasi *sinus maris*, sein de mer, car elle en est presque enuironnee, tant de la grande mer, que du port qui la ferme. Du costé de la terre, elle est aussi situee, bastie, & assise aux coustaux d'vne petite montaigne, sur la crouppe de laquelle y a quinze moulins à vent. Ladite ville est antique, & des premieres cóuerties à la foy : car elle a receu la predicatió & la foy de sainct Lazare, ressuscité par nostre Seigneur, lequel depuis Euesque en la mesme ville, receut la coronne de martyre en vne petite chapelle qui se veoit encore auiourdhuy. Ladite ville garde son chef en l'Eglise nostre Dame la Maieur, qui estoit antiquement vn Temple dedié aux Idoles, & depuis dedié & consacré par ledit S. Lazare à Dieu, sous le nom de la vierge Marie : là où on m'a monstré encores des colomnes ouurez dans la Preuosté, logis ioignát à ladite Eglise, sur lesquelles on posoit lesdites Idoles. Se voit aussi vne Idole entiere en vne tour de l'Eglise nostre Dame des Accoules, qui est de pierre, qu'ils adoroient auant leur conuersion. La mesme ville est fortifiee des lieux circonuoisins, comme de nostre Dame de la Garde, qui est vn Chasteau esleué sur vne mótaigne, proche de la portee du canō, & du costé de la mer, d'vn Chasteau qui est en vne Iste, appellé le Castel d'If. Au susdit Chasteau de nostre Dame de la Garde, y a vne Chapelle, où se veoiét plusieurs miracles de ceux qui se voüent à la Vierge, presque tous les iours. Plus bas du port est vne Abbaye bien forte, dediee à Dieu, & à S. Victor, qui estoit enfant de Marseille, le chef duquel est gardé en l'Eglise dudit lieu, auec la Croix sainct André, &

B v

plusieurs autres dignitez. En ladite Eglise on voit le lieu, où la Magdelene sœur du Lazare a commencé à faire sa penitéce, qui est dãs vn roch, auquel on veoit sa table de pierre, son lauoir, & autres vstácilles: Se voit aussi le lieu où elle fit la predication aux Marselois, où il y a vne petite Chapelle, dans laquelle est sa pourtraicture. Nous estãs en ladite ville, attendans le vaisseau qui deuoit venir, & nous passer en Tripoly: Et considerant nostre estat n'estre de demeurer en vne tauerne, pour ce qu'il nous conuenoit attendre six sepmaines, nous nous retirasmes au conuent des Augustins, lesquels nous firent grand plaisir, en nous receuans en leur maison à prix honneste & raisonnable. Durant lequel temps que nous estions là, le Dimanche 13. de Mars, fut commencé vn Iubilé en ladite ville, pour rendre graces à Dieu de la victoire qu'il auoit donné au Roy, à l'encôtre des Reistres: & pour le supplier de luy donner vertu & puissance, & aux autres Princes Chrestiens & Catholiques, de pouuoir surmonter les ennemis de nostre mere saincte Eglise, Où i'ay apris que le peuple de Marseille estoit deuot & Catholique: Car chacū fit son deuoir de faire le cōtenu du Iubilé, sçauoir, aller à cōfesse, ieusner, communier, & assister aux processions durāt les trois iours ordōnez. Dans ladite ville y a quatre paroisses principales. Il y a aussi quatre Abbayes des quatre mendiās: lesquels subuiennent aux paroisses en l'administration des Sacremēts de Penitence & de l'Autel. Enuitō le mesme temps fut pris & apprehēdé vn Hermite qu'ō nommoit sainct Hermite, en la ville d'Aix en Prouence, Parlement, & distāté de 5. l. de Marseille, lequel estoit reputé de vie tres-saincte, & se mesloit de guerir de peste, la coniurant, comme font aucuns, & l'enuoyant de part en autre: quelquefois l'arrachant luy mesme, feignant qu'il auoit quelque vertu Diuine & d'enhault, d'en pouuoir preseruer, ce qui estoit cause qu'il estoit respecté par toute la Prouence. Mais le Diable fin & cauteleux, salariant les siēs, comme ils meritēt, descouurit sa meschanceté : Car il fit tant par son astuce & cautelle, que deux des disciples dudit Hermite furét trouuez portás la peste par les villages, & frottoient les guichelets des huits de gresse pestiferee, plus semoient pouldre de peste seichee au four, & par ce moyé mettoient la peste par tout : le maistre venoit apres eux, qui guerissoit ce que ils auoient infectez. Ce qu'estant descouuert, le maistre & ses disciples furent conuaincus de sorcelerie, & apprehendez. Et nous dit-on que depuis sept ans que ledit Hermite estoit venu en Prouence, elle auoit esté tousiours vexee cruellemét de la peste, mais incontinent qu'il fut pris, & ses compagnós, enuiron six sepmaines apres elle commença a cesser : Ce qui donna à cognoistre, qu'il faut se donner de garde de tels gens. I'ay aussi remarqué ce que i'ay veu des sepultures en ladite ville, ce qui s'ensuit. Sçauoir, que le mort est reuestu d'habits beaux & hónestes, Comme, si c'est vn homme de Iustice, il sera aorné de sa longue robe & bonnet, ayant la face descouuerte, comme s'il eſtoit viuant: & ainſi mené au Sepulchre par les Conſuls de la ville, portant le chaperon de velours rouge ſelon ſa dignité ou qualité, auec nõbre de torches, tel qu'il eſt incredible. Ainſi ſemblablement les femmes, & les petits enfans ſont inhumez, & portez au tombeau à face deſcouuerte. Le iour qu'on lict l'Euangile du Lazare en la grande Egliſe de ladite ville, ſon chef eſt preſenté deſſus l'Autel, & ſe faict grande ſolemnité ce iour là meſme. Apres que l'Euangile eſt dicte, le celebrant commence le reſpond, *Qui Lazarum reſſuſcitaſti*, iuſques à la fin: puis l'Eueſque viẽt ietter de l'eaüe beniſte ſur les tombeaux, pendant qu'on dict le *Miſerere*, & *De profundis*, puis il dict le *Fidelium*: par apres le celebrant pourſuit. En la meſme Egliſe ſe garde la main de la Magdelene, auec le tombeau de S. Lazare, dans lequel eſt le ſainct fons de Bapteſme.

De la ſaincte Boſme, lieu où la Magdelene a faict ſa penitence, & du lieu où eſt ſon chef. CHAP. II.

La guide des chemins

LE Mercredy de la sepmaine saincte, nous prismes resolution de satisfaire au desir que nous auions, de visiter la saincte Bosme, lieu auquel saincte Marie Magdelene a faict sa penitence, lequel lieu n'est pas dict à *balsamo*, qui signifie baulme odoriferent: mais il est ainsi dict à cause du lieu, & de la cauerne qui est dans la roche, dit en François boüe, & en Prouençal bosme. En partant de Marseille, faut venir passer en vne petite ville nommee les Baignes, distant de trois lieües de Marseille, lieu Episcopal de Monsieur l'Euesque: Puis faut monter par les mõtagnes difficiles, iusques au desert, là ou est le lieu de la Bosme, qui est vne des plus hautes montagnes de la Prouence. Ceste saincte penitéte a demeuré l'espace de 32. ou 33. ans & demy, ou enuiron, *selon Surius, to. 4. vie de la Magdalene*, en ce lieu: Chose qui est à admirer, tant pour le desert qui est tout a l'entour, la hauteur de la montaigne, que pour la grande froidure qui y est ordinairement. L'eglise est dans ladite roche, & cauerne, pour le voyage de Hieruſ. 20.

en laquelle il y à cinq autels: Et a coſté ſeneſtre du grand Autel, auquel ie celebray Meſſe le Ieudy abſolut, eſt le lict de la ſaincte Magdelene, là ou par l'eſpace de 32. ans & demy elle a repoſé: lequel lict n'eſt de plumes, laine, cendres, ou feuilles, mais du meſme rocher & pierre, & au derrier eſt vne fontaine qui ne tarit iamais: Et encore choſe qui eſt plus admirable, ſçauoir, qu'il pleut par tout la carriere, à cauſe de l'humidité du roch, & ne pleut aucunement ou elle couchoit. Auquel lieu eſt ſa figure, de ſa grandeur & forme, qu'a fait faire S. Maximin l'vn des ſeptante deux Diſciples, & premier Eueſque d'Aix en Prouence, qui vint auec elle, S. Lazare, & Saincte Marthe, qui eſt occaſion de croire qu'elle eſtoit fort puiſſante, comme plus amplemét ſon chef le demôſtre. Au ſommet de la môtagne eſt vne petite chapelle, nommee le S. Pillon, ou en bon françois, vn pillier ou colomne ſur laquelle les Anges la portoient tous les iours, auec chants & cantiques ſpirituels, puis ſur le ſoir la rapportoient à l'entree de sa Bosme & cauerne: Pres de laquelle est vn petit Conuent, basty en partie dedans le rocher, & en partie ioignant à iceluy, qui est vne place bié forte, & n'y a qu'vne entree, & trois portes, desquelles la secõde est de fer. A la premiere faut laisser les armes, qui veut entrer dedãs, de peur de quelque surprise. Les Religieux qui sont audit Conuent sont de S. Maximin, petite ville qui est à 3. l. pres, au dessous de la mõtagne: auquel lieu nous vinsmes le Ieudy absolut, pour veoir le chef de la Magdalene, lequel on monstre ordinairement le iour du Vendredy sainct, auec vne ampoulle ou phiole, dans laquelle est la terre du mont de Caluaire, laquelle fut arrousee du sang de nostre Seigneur en sa Passion: Ce qu'on tient auoir esté apporté par la Magdalene, lors qu'elle vint en Prouence. Ce que nous auons veu enuirõ les douze heures. Ces precieux ioyaux se gardent en l'Eglise S. Maximin, là ou la saincte Magdalene fut inhumee, & là ou elle communia auant q̃ mourir: Ce qui est fort bié entaillé au mesme lieu, qui a esté basty par les Roys de France. Il y à vn Conuent de Religieux de l'ordre S. Dominicque, qui sont enuirō 40. Or le Védredy sainct le seruice estāt dict iusques à la Passiō, les Cōsuls de la ville, qui ont vne clef du thresor de ladite Eglise, & les Religieux vne autre, s'assemblent auec douze hallebardiers, pour garde desdites dignitez, & les Religieux les apportent sur l'Autel iusques à la fin du seruice : puis accompagnez de treize cierges de la charge d'vn homme chacun, viennent porter lesdits ioyaux au pulpitre de l'Eglise, qui est hault esleué, là où chacun à son tour peut voir le chef de la Magdelene: au front de laquelle y a encores de la chair tenant à l'os, qu'on appelle *Noli me tangere*, pour ce que nostre Seigneur s'estāt apparu à elle au iardin, en forme de Iardinier: elle cognoissant que c'estoit luy, s'approcha pour le toucher : mais nostre Seigneur luy dict, *Noli me tangere* : Et au lieu où il la toucha, qui fut au frōt, la chair y est encores, nō pas viue, mais comme seiche, comme ie l'ay veuë. A la grandeur de son chef, & de sa machoëre, où il y a encores deux dents, on peut coniecturer qu'elle estoit fort puissante. Se veoit aussi ladicte ampoulle (commençant à midy dudit Vendredy Sainct iusques à vne heure apres) dans laquelle se voit vne rougeur côme vne goutte de sang, qu'on croit estre du sang de nostre Seigneur, comme i'ay dict cy dessus, & vne heure apres midy ne se voit plus ceste rougeur, mais retourne en blancheur. Quât à la rougeur, ie l'ay veu & côsideré: mais n'ayant loisir d'attendre iusques à vne heure apres midy, ie ne l'ay veu blanche. Vn Pere Capuchin, qui preschoit lors à Marseille, m'afferma, que le sieur de la Vallette & luy l'auoiêt vëue il n'y auoit que huict iours toute blanche, sans apparéce de rouge. Pour voir chose si miraculeuse, y court grande multitude de toutes parts. Le Côuent de là dedâs est Royal, & en est la presentation au Roy. Il y a en ladite Eglise plusieurs memoires des miracles qui y ont esté faicts par l'intercessiô de ladite saincte penitente, qui

pour le voyage de Hieruſ. 22

ſeroit choſe trop longue à raconter. Partans de ce lieu, nous vinſmes coucher en vn village nõmé S. Iacquery, a 3. l. & la veille de Paſques nous arriuaſmes à Marſeille: où nous fuſmes iuſques au Vendredy ſuyuant: auquel iour nous fuſmes embarquez, mais le vent magiſtral changeant, nous fallut le Sabmedy matin retourner en ladite ville. Le Dimanche ſuiuant nous nous voüaſmes à noſtre Dame de la Garde, & y allaſmes-nous tous Peregrins faire nos prieres, pour impetrer bon vent, & commode: Ce que ie croy nous auoir eſté accordé par ſon interceſſion: Car enuiron douze heures de la nuict ſuyuant, le vent commença, & dura tant, qu'il nous pouſſa iuſques à Malte. Donc le Lundy d'apres *Quaſi modo* nous fuſmes inuitez à nous embarquer, ce que nous deſirions grãdement. De noſtre embarquement i'ay eſcrit ce traicté ſuyuant.

De la Mer, de ſa cruauté, & de la Hierarchie Nautique. CHAP. 12.

ENtre les repentences que ſouloit faire Alexandre le grand, ainſi que

La guide des chemins
remarque Plutarque en la vie d'iceluy, celle-cy me viét en memoire, sçauoir, qu'il se repentoit d'auoir nauigé & voyagé par mer, lors qu'il pouuoit aller par terre : Pour ce, disoit-il, que la mer est vne beste cruelle & farouche, laquelle n'a acception de personnes : Ioinct aussi que la vie de l'hõme estãt sur la mer, ne gist qu'à vn morceau de bois espois de quatre doigts. Ie croy certainement, comme il est conforme à la verité, qu'Alexandre en nauigeant auoit experimété les dãgers de la mer, qu'il auoit reformidé les ondes escumantes des flots furieux, qui semblent à tous coups vouloir engloutir le Nauire, & ceux qui sont dedans. Ce qui me vint en memoire le iour S. Marc 25. d'Auril, 1588. estant monté en mer dans vne bariquelle, auec mes cõperegrins, pour aller du port de Marseille, excellent, & fermant à clefs, aux Isles prochaines du chasteau d'If, pour monter au Nauire de saincte Marie de Bonauanture (ainsi est nommé le vaisseau) pour faire nostre voyage. Le vẽt magistral dõnant nous fit bié cognoi-

ſtre, combien la mer irritee, eſt choſe nõ ſeulemēt perilleuſe, mais auſſi horrible a veoir, à ceux qui y ſont en des petits vaiſſeaux, comme eſtoit celuy auquel nous eſtions, qui pouuoit porter enuiron dixhuict perſonnes au plus : car d'y en tenir d'auantage, il eſtoit impoſſible. Alors il me ſouuint de ce que dict le Prophete Royal Dauid au Pſalme 105. ſçauoir, *Qui deſcendunt mare in nauibus, &c.* Ceux qui montent en mer aux Nauires pour trauailler en beaucoup d'eauë, ou pour nauiger en haulte mer, ceux-là peuuēt rendre teſmoinage des merueilles de Dieu : car ils les ont veu au profond. Il a dict, & le vent de la tempeſte s'eſt arreſté, & les flots ſe ſont eſleuez: Ils montent iuſques au Ciel, & deſcendēt iuſques aux abyſmes. Par leſquels propos le Pſalmiſte veut dire, que les flots & les vndes s'eſleuent fort haut, & puis ils deſcendent bien bas. Ce que vne perſonne qui a nauigé & vogué par fort vent, & principalement par vent de beſche, qui eſt le plus furieux, ne peut nier. Car à la verité mes compagnons & moy l'auons bien veu & consideré: Et n'eust esté la bonté de Dieu, qui nous preserua, à grand peine eussions-nous peu euader tel danger. Car le plus souuent la barque puisoit tout deuant moy: d'vn costé & d'autre les vndes nous enueloppoient de telle sorte, qu'à toute heure nous pensiós estre ensepuelis. Certainemét le prouerbe, *Qui nescit orare conscendat mare.* Qui ne sçait prier qu'il monte en mer, fut bien verifié: car ie croy que tous mirent la main à la conscience, en receuant l'absolution auec prieres & oraisons. Nous ne nous pouuions tenir de crier à haute voix, lors que nous voyons la barque tomber comme d'vn rocher en bas, auec grand effroy des parties interieures. Et en tel estat ayans passé les ondes les plus furieuses:(Il faut icy entendre, que nous allions à l'encontre du vét, auec rames, pour paruenir au Nauire) sentans vn petit la mer plus douce, il nous sembla entrer de tenebres en lumiere, de tristesse en ioye, de mort à vie. Ce que ayant bien consideré, celuy qui voudra monter sur mer, se tiendra prest comme attendant, ou ignorant l'heure, de sa mort, comme nous l'ignorons & attendõs tousiours, non toutesfois comme il appartient. Apres tout cela il suruient des maladies le plus souuent sur ladite mer, par le grand mouuement que reçoiuent le corps & les parties internes. Tellement que ceux qui tombēt en maladie, sont tombez, comme dict Dauid au lieu preallegué, & esmeuz comme des yurognes, pour ce que l'esmotiõ les esmeut & le vaisseau, de telle façõ, que pensant y marcher, on tombe à la renuerse. Nous dõc par le vouloir de Dieu, ayans passé tels dangers, nous montasmes dans le vaisseau. Et faut icy noter, q̃ les grãds vaisseaux ne sortent guieres, ou bien peu du port de Marseille, estans chargez, mais vuids, & s'en vont aux Isles prochaines d'vne lieuë & demye, & là on les va charger auec des petits vaisseaux. Les voiles donc estans tendus, & commençans à trancher les ondes par la vertu du vēt magistral, qui nous fauorisoit, nous fismes grande expedition de chemin : Lors ie me mis à considerer le Nauire, les cordages, les voiles, & le bon ordre & hierarchie qui y estoit : ce qui me fit entrer en admiration. Et afin que ne le voyant plus, ie me le puisse remettre deuant les yeux: Ie me me deliberay d'en escrire ce que nous en voyons, & ce qu'il m'en sembloit. Or quand i'ay bien consideré de toutes parts, il me semble que le nauire peut estre cōparé à vn instrument musical, cōme à vne harpe: laquelle estant montee de cordages, & touchees selō l'accord d'icelle, rend vn son armonieux, & grandement delectable. Mais puis que par l'accord & iugement cōmun des Musiciens, le luth doit tenir le premier rāg & place entre les autres instrumens musicaulx: Le Nauire aussi y doit estre plustost comparé qu'à nul autre, pour la grande conformité qui est entre l'vn & l'autre. Premierement le luth est creux: ainsi est le Nauire. Secondement, sa cōcauité est cause qu'il resonne : ainsi la concauité du Nauire est cause qu'il vogue par dessus les ondes. Tiercement, le luth est long & large ge au milieu, & estroict au deuāt: ainsi le Nauire est plus large au milieu & estroit au deuant, ou en prouë. Quartement, le luth ne peut resonner, s'il n'est monté, & accordé de ses cordages: ainsi le Nauire ne peut voguer ne trancher les ondes, s'il n'est monté de cordes propres, pour tendre les voiles. Le luth accordé, & touché des doigts d'vne main legere & subtile, rend vn son merueilleusement doulx & delectable: le Nauire aussi, les voiles estans estēdus, par le moyen des cordes, touchez d'vn vent propre, au voyager certainement rend vne merueilleuse melodie, plus plaisante beaucoup que celle du luth, harpe, ou autre instrument: Car on se voit en vn moment porté, & passé de lieu en autre. N'est-ce pas vne belle harmonie, de cheminer cent & cinquante lieuës en vn iour & vne nuict, ce q̄ par terre on ne peut faire en quinze iours? Ouy à la verité. Telle harmonie me plaisoit beaucoup, & eusse bien voulu qu'elle eust duré iusques à tant que nostre voyage eust esté acheué. Mais quand le vent vient

C

au contraire qu'on le desire, iamais on oüyt tel discord & chant piteux. Ores afin que ie poursuiue & d'escriue d'auantage de la hierarchie nauale, ie ne sçay si ie la dois comparer à vn Empire ou Royaulme, à vne Republique, ou à vn Monastere. Que si ie la compare à vn Empire, ou Royaume bien policé, & gouuerné, la comparaison sera bonne. Si ie la compare à vne Republique commandee, & gouuernee de bons Consuls & Magistrats, elle sera meilleur. Si ie la compare aussi à vn Monastere & vie Monastique, elle sera tres-bonne : Car outre ce qu'en vn Monastere il y a Iustice & superiorité d'obeissance & commandement, comme en Republique : Il y a encores d'abondant l'exercice des vœux de pauureté, obedience, & chasteté : lesquels semblét estre en la hierarchie marine : comme nous dirons cy apres, parlant des mariniers. Mais premierement il faut parler des commandeurs, lesquels comme en commandemét ils tiennét le premier lieu : ainsi en escrit ils doiuent preceder : Lesquels, dis-ie, sont trois, sçauoir, le Capitaine ou Patron, le Naucher, & le Pilot. Le Capitaine est celuy qui a la charge en general de tout le vaisseau, & de ceux qui y sont, comme vn Abbé en vn Monastere. Le Naucher est celuy qui faict tendre les voiles, & les tourner selon le vent : il cōmande aussi aux Nautonniers, quād il faut accommoder quelque chose, & luy y est tout le premier : ainsi qu'vn Prieur sous son Abbé commande aux Religieux, & est celuy qui faict, ou faict faire dresser le seruice, & y est le premier. Ledit Naucher est cogneu & discerné entre les autres, en ce qu'il porte ordinairement vn sifflet d'argēt à son col, auec vn cordon de soye, par le son duquel les mariniers entendent ce qu'il faut faire : ainsi comme le herault donnant le son à la trompette, les soldats cognoissent qu'il faut monter à cheual. Le Naucher aussi donnant du sifflet, chacun compare & respód prōptement. Le troisiesme est le Pilot, lequel comme vn chātre en l'Eglise qui faict dresser le chant, & le proportiōne selon qu'il est expedient, & est cogneu

C ij

par le baston qu'il tient en main : ainsi au Nauire, le Pilot est celuy qui tient & gouuerne le tymon ou gouuernail, & dresse les chemins selon qu'il faut aller. D'auantage, comme en vn siege Presidial, vn President a des subalternes qui sont les Conseillers, sans l'aduis desquels il ne rend sentence : ainsi en la Republique marine, le Pilot a 4. Conseillers de poupe, par, & auec l'aduis desquels il gouuerne, & doit gouuerner son chemin & voye marine. Mais on pourra demander, par quel moyen il peut cognoistre son chemin estant en haute mer, où on ne voit ne Ciel ny terre, Soleil, ne Lune, ny aucunes estoilles. Or pour ce faire & cognoistre, ils ont vn quadran marin, auquel y a vne esguille d'acier frottee à la pierre de commonille, autrement dicte d'aimant : laquelle esguille, par la vertu de ladite pierre tourne ordinairement vers la Tremontane, qui est vne estoille dicte *Stella maris*, autrement le polarctique, ou le nort, qui est directement à Septentrion, proche des estoilles, qu'on appelle le char du costé de leuant, & selon l'opposite de Septentrion, ils cognoissent le midy: ainsi consecutiuement le leuant & le ponát: Deuant lequel quadran y a ordinairement de nuict vne lampe ardéte pour dresser le chemin. Apres le Pilot y a vn Greffier pour inuentorier & cotter les marchandises. Suit par apres le Gardian, lequel a charge de garder le vaisseau de feu, & autres inconueniens. Il y a aussi vn Despensier, & Cuisinier, qui ont la charge des viures, & les distribuent selon le temps. Là où i'ay remarqué, que les mariniers sont du tout contraires aux autres artisans en mode & façon de viure. Car quád les Laboureurs, vignerós, & autres ont beau temps, ils trauaillét fort, & se traictét le mieux qu'il est possible : & quand le temps est fascheux, & nó propre à trauailler, ils se reposent & faschent, sans recreation. Au contraire les mariniers quand le temps est mauuais ou contraire, c'est lors qu'ils trauaillent le plus, ils dorment bien peu, & si la pitáce & portion est plus petite. Et encores auec tout cela, ils ont plus de peine

C iij

La guide des chemins
à boire & manger, qu'en autre temps:
Car quelquefois pensant boire, l'on
de renuerse le verre: Mais quãd le têps,
& le vét est propre, ils font bóne chere, & ne trauaillent aucunement. Aussi
quand la tempeste vient comme au
milieu de la nuict, c'est chose effroyable à ceux qui n'ont accoustumé de les
ouyr crier, comme elle nous suruint la
nuict du Mercredy 4. iour de May
1588. enuiron le minuict. Certainemét
ce nous fut vn grand effroy, auec ce
que l'esbranslement du vaisseau nous
donnoit grand' crainte, nous estions
aussi estonné de leurs cris & du vent
qui resonnoit comme vn tónerre, tellement que c'est chose merueilleuse à
ouyr, aucunemét exprimé par ces vers.

D'vn Lyon le courage
En sa fureur & rage,
Rugissant, est affreux:
D'vn feu, qui tout deuore,
Les effects sont encore
Beaucoup plus dangereux.
Mais rien n'est comparable
A la mer implacable,
Et rien n'est plus diuers

pour le voyage de Hierus.

Que la vague qui rouë
A l'entour de la proüe
Au gré des vents diuers.
　La gorge de ses ondes
En abysmes profondes
Et des vents & des flots,
L'entresuitte infinie
Menasse de la vie
Les tremblants Matelots.
　Lors le Pilotte blesme
En ce danger extresme
Perdant voiles & mats,
Adresse ses Prieres
Au Pere des lumieres
Qui ne l'esconduit pas.
　Car soudain il voit luire
Au haut de son Nauire
Vn feu venant des Cieux,
Que sainct Elme on apelle,
De la grace immortelle
Le signe bien-heureux.
　Belle & saincte lumiere,
Heureuse auant-courriere
Du salut des Nauchers,
Dissipe à ta venuë
L'orage de la nuë
Dont nous sommes couuerts.

C iiij

La guide des chemins
Fais qu'à iamais ta face
Rende calme & bonace
La mer aux Pelerins,
Destournant de leurs testes
Les funestes tempestes
Des vents & des destins.

Ceste lumiere, comme ie l'ay appris d'vn vieil Patron, s'apparoit à ceux qu'il plaist à Dieu, pour les asseurer qu'ils ne perirōt pas de la tempeste en laquelle ils sont: ainsi comme elle apparut sur le mats où Gabie de nostre Nauire, ce que deux de mes comperegrins ont veu: Toutesfois ie ne le veis pas, pour le grand effroy que i'auois, de sorte que ie ne pouuoy sortir de ma place qu'à grand' peine. Toutefois i'entendy bien le Naucher & les mariniers qui chantoiét, loüans Dieu, durant le temps qu'ils veirent ladite lumiere & clairté, puis elle disparut, & tost apres la tepeste cessa. Certainemét on peut dire de ceux qui voyent cela ordinairement ce qu'en dict Dauid au lieu prealegué, *Qui descendunt in mare facientes operationem in aquis multis, ipsi viderunt mirabilia Dei.* N'est-ce pas vne belle merueille & miracle de Dieu, de veoir visiblement au milieu de la mer vne lumiere ardente sur le mats du Nauire durãt la tempeste, qui les cõsole & resiouyt: Ce qu'ils croiét leur estre donné & concedé de Dieu, par les prieres de S. Elme leur Patron. Ce qui nous doit seruir d'argument à l'encontre des heretiques pour l'inuocation des Saincts, &d'instructiõ pour les inuoquer & prier. Or, afin que ie reuienne à ma hierarchie nautique, apres auoir parlé des superieurs, il nous conuient parler des inferieurs, sçauoir des Fadarins, ainsi nommez, comme seruiteurs, lesquels font leçon aux rebelles d'obeyr à leurs superieurs: Car ils sont si obedients, qu'on peut dire d'eux, qu'ils ne doiuent rien aux Religieux, du vœu d'obedience: Car si tost que le Naucher a dict faites cecy, il est faict. Quant au vœu de pauureté, ils séblent encore ne leur guiere debuoir: car moyennãt qu'ils viuét en la sueur de leurs corps, & leur famille aussi, ce leur est assez: Sans toutesfois les vouloir comparer aux vrays Religieux, qui

de pres gardent leurs vœux, tant qu'il
leur est possible. Quát au vœu de Chasteté, il semble qu'ils le gardent, principalement lors qu'ils sont en la Republique marine, de laquelle ie parle.
C'est chose certaine & notoire, qu'il
n'y a aucunes femmes : Et qui plus est,
la plume des licts où ils couchent, qui
sont les planches, ne les chatoüille, cóme ceux qui couchent mollement, &
qui sont bien nourris. Quant à la deuotion que i'ay remarqué, & principalement en ceux du vaisseau où i'estois, si ie veux faire comparaison de
ceux qui sont ordinairement en leurs
maisons, & ont le moyen festes & Dimáches d'assister au seruice diuin : à la
verité ie trouueray que les mariniers,
qu'on dict ordinairemét estre peu deuots, leur font leçon en deuotion : Car
iournellemét à l'aube du iour les Moucys (pages de nef) estát teste nuë, agenoüillez, rendent graces à Dieu à haute voix, estans soubs le mats, pour aduertir tous les autres à faire le semblable. Puis allans dans la loge du Chasteau de Prouë, recitent encores à hau-

te voix le *Pater noster*, l'*Aue*, le *Sancta*, le *Credo*. Puis recommandans en general le Nauire à Dieu: en particulier ils recommandent les pieces aux Saincts, cõme l'arbre à nostre Dame, l'entenne & le voile à S. Helene, & ainsi consequemment des autres pieces. Au soir on en fait de mesme, auec loüange du nom de IESVS: Ce que chantent les enfans susdits, disans par trois fois en langue Prouuençal, *Laudato sia lou nom de lou bon Iesus*. Puis tous les mariniers respondẽt de mesme. Puis se faict vne priere à la vierge Marie en ceste façon, *Aue Maria pro Naue*, & le Chœur respond, *Vous soyez la bien vingude*. Puis l'enfant recommande le Nauire comme le matin: il donne le bon soir à vn chacun selon son degré, puis on se retire. La benediction auant le disner & souper, & l'action de graces apres ne s'oublie iamais: Ce qui doit estre hõte & ignominie à ceux qui se disent Chrestiens, & neantmoins viuent cõme bestes, sans aucune benediction ou action de graces. Ils leurs font d'auantage leçon, en ce qu'ils ne doiuẽt pro-

La guide des chemins

phaner le sainct Temple de Dieu, cõme ordinairement ils font par leurs irreueréces & propos vilains & oisifs. Car lors que le *Salue* ou vespres, & autre priere se dict, comme nous les disons, chacun s'agenoüille, auec la teste nuë. Le Sabmedy au soir on tend vn tapis deuant l'arbre, puis on y attache l'Image de la vierge Marie, & chãte-on le *Salue*, *Missus*, le *Gaude flore*, *O gloriosa*: puis apres, auãt que se retirer, (ce qui est tres-loüable) à la fin des prieres, chacun baise l'Image auec la teste nuë, se recõmandant à Dieu. Quant à l'administration de la Iustice, si d'auanture il aduenoit quelque chose digne de punition, le Patron peut faire le procez, & mettre, ou faire mettre aux seps les malfaicteurs, & les liurer à la premiere Iustice qu'il trouuera, pour estre punys. Quant aussi à la correction de la ieunesse, elle n'est point oubliee: Que si elle estoit aussi bien exercee sur terre, ou es colleges, comme aux Nauires : certainement la ieunesse ne seroit si desobeyssante comme elle est. C'est le Naucher qui en a la charge, &

pour le voyage de Hieruſ. 31

chaſtie ſans exception ny pardon, cōme ie l'ay veu deuant mes yeux, principalement au Nauire ou i'eſtois. Si
d'auantage elle eſtoit exercee en l'art
militaire, comme en la nautique, il n'y
auroit tant de iuremens, rapines, vio-
lemens cōme il y a. Bref, ie deſirerois
que toꝰ les autres arts & Republiques
fuſſent auſſi prudément regies & gou-
uernez cōme celle de noſtre vaiſſeau.
Lors admirant ceſt art de nauiger, &
encores plus ceux qui l'ont inuenté, &
ſe ſont hazardez les premiers, ie pris
ſubiet de faire ces vers ſuyuans.

Quiconque fut celuy, qui hardy Marinier
Les champs Neptuniens ſillonna le premier,
Soit Typhis, ſoit vn autre, il auoit l'ame eſpriſe
D'vn courage diuin pour ſi braue entrepriſe.
　Mais qui luy monſtra l'art de fabriquer des Naux,
De cognoiſtre les vents, & de caller aux flots,
Se ſeruir d'Auirons, d'Entenes, & de voiles,
Et des Poles diuers remarquer les eſtoilles?
　Et qui luy peut monſtrer la vertu de l'Aimant,
L'ouurage de l'Eſguille, enſemble du Quadrant:
Et comme il conuenoit qu'il tournaſt ſa Galere
Touſiours droit aux ſept feux de la huictieſme
　Sphere?
　Eſprit induſtrieux, cœleſte, curieux,
Conſtempteur de la mort, & des flots eſcumeux

La guide des chemins

Bienfaicteur du public, grand Arpenteur du monde,
Quelle est ceste science à nulle autre seconde?
　Astrologue divin, hé! qui t'avoit appris,
Qu'on pouuoit sur les eaux visiter le pourpris
De ce Globe terrestre; hé! quelle fut l'asseurance
De toy, homme mortel? pour telle experience?
　Craignois-tu point de faire, esprit de trop d'orgueil,
Ainsi que Phaeton dans les eaux ton cercueil?
Ou comme fit Icare, & d'autres dont l'audace
Plus haut qu'ils ne deuoient esleuerent leur face?
　Vn Dieu te conduisoit, & sainct Elme t'auoit
Promis que par l'orage il t'accompagneroit:
Autrement ta prudence ains ton outrecuidance
De tes plus beaux desseins eut fraudé l'esperance.
　Il est vray qu'auiourdhuy nous voyōs des Nauchers
Plus experts, que pour lors tu n'estois, aux dangers,
Et qui plus longuement ont pratiquez l'vsage
De ramener au port leurs vaisseaux, sans naufrage.
　Mais la gloire est à toy, & ton invention
A seruy de matiere à leur perfection,
Si la perfection d'vne telle science
D'vn autre que de toy peut auoir sa naissance.
　Soit de qui que ce soit, le Chesne, & les Lauriers
Sont acquis iustement à tous ces bons Nauchers,
Dont la valeur, & l'art, la conduite, & l'office
Des Estats mieux reglez pratique la police.
　Et c'est aussi pourquoy à bon droict nos ayeulx
Disoient, en celebrant leurs actes genereux,
Que celuy pouuoit bien gouuerner vn Empire,
Qui pouuoit dignement gouuerner vn Nauire.

　Ie consacrois ces vers aux graces immortelles,
　　Lros qu'en nostre Vaisseau on prenoit Tourterelles.

Parquoy ie conclueray que les Nautonniers sont dignes de grāde louáge, non pas ceux qui ne nauigent que sur les riuieres, qui ne sont qu'vne goutte d'eauë au regard de la mer. Ceux-là, dis-ie, ne sont à comparer aux auttes: car de transgresser les iours de festes & Dimanches ce leur est coustume: de iurer, blasphemer, & quereller ce leur est nature. Pleust à Dieu qu'ils fussent bien reformez & chastiez, principalement en ce qu'ils violent les meilleures festes de l'annee: Et en ce qu'ordinairement ils blasphement le nom de Dieu, pour toutes les causes susdites. Mais encores auant que mettre fin à mon propos, ie ne veux oublier à escrire pour la louange du Nauire, ce qu'elle signifie, sçauoir l'Eglise de Dieu le Createur, laquelle est au milieu de la mer de ce monde: ainsi comme le dit ce grand oracle de Theologie Mōsieur Sainct Ambroise au 3. des Sacrements, où il dit, *Hoc seculum est tibi mare*, Ce siecle t'est vne mer: car en la mer il y a des ondes, les tempestes y bruyent, les vents y sont forts: ainsi est-ce en ce monde, les vents d'ambition, d'avarice, d'hypocrisie & des autres vices y soufflent tãt, que c'est grãde pitié : toutesfois, dit-il, le poisson ne delaisse de nager, pource qu'il a accoustumé de nager. Et toy Chrestien, il faut que tu sois comme le poisson, craignant que l'onde de ce siecle ne te noye. Et tout ainsi comme le poisson passe par les ondes, par les flots & tepestes de la mer: cela te dõne à cognoistre, que par les tribulations de ce mõde il faut paruenir en Paradis. D'auantage il est impossible à l'hõme de passer la mer sans Nauire ou basteau, autrement il se perdroit, & seroit obrué par les eauës. Ainsi il est impossible à tout homme de passer le monde, qui est vne mer, pour paruenir à la saincte cité de Hierusalem celeste sans la nacelle de l'Eglise, *Extra quam non est salus*: hors laquelle il n'y a point de salut. Ce qui nous est demonstré en S. Luc cap. 5. quand nostre Seigneur est entré en la nacelle de S. Pierre, & de là il enseignoit le peuple, pour donner à cognoistre, que celuy qui veut estre sauué, faut qu'il entre en la nacelle de S. Pierre, & que de là il reçoiue la parole de Dieu. Le Nauire donc & nacelle represente l'Eglise: car qui regardera de pres, il y trouuera grāde conformité. Premierement, le Nauire flotte sur les eauës: ainsi l'Eglise flotte sur les tribulations de ce monde. Le Nauire garde d'estre noyé: l'Eglise garde du naufrage infernal. Le Nauire fait grāde trafique, & rapporte beaucoup de proffit à son Maistre: ainsi l'Eglise trafique les ames par la predication, & les amene à Iesus-Christ. Le Nauire est composé de plusieurs planches: ainsi l'Eglise n'est pas composee seulement de vierges, mais de vefues & mariez. Au contraire la nacelle de l'heretique n'a qu'vne planche: car ils veulēt oster la chasteté, & veulent que chacun soit marié. Le Nauire est estroict au commencement & au derrier, & large au milieu: l'Eglise aussi au commencemēt elle estoit estroite, estant composee de douze seulement, puis agitee des Princes qui la rendoient estroite: mais depuis que Constantin a esté faict Chrestien, auec vn Roy Clouis, elle est deuenue large, puis de temps en temps elle a esté eslargie par tout le monde, selon la Prophetie de Dauid au Psal. 18. *In omnem terram exiuit sonus eorum, & in fines orbis terræ verba eorum*: lequel mot *exiuit* se prend icy pour *exibit*, car au temps passé on disoit *exiet*, pour dōner à entendre que la parolle de Dieu seroit annoncee par tout le mōde auāt la venue du iugement: depuis, le iugement s'approchant, comme dit la verité mesme en S. Math. 24. La Charité se refroidira, il y aura plusieurs seducteurs qui s'esleueront, les estoiles tomberont du Ciel: c'est à dire, que plusieurs doctes se retireront de l'Eglise, qui est dicte en ce monde le Royaume des Cieux. L'Eglise aussi deuiēdra estroite iusques à la fin. En apres la principale partie du Nauire c'est le mats, ou arbre, duquel parlant S. Clement escriuant *ad Iacobum fratrem Domini*, il dict, *Vultis cognoscere arborem huius nauis? &c.* Voulez-vous cognoistre le mats ou l'arbre de ce Nauire? c'est Iesus-Christ crucifié: voulez-vo⁹ cognoistre le port & Patron? c'est le mesme, qui l'a racheté, non point par or, ny pierres precieuses, mais de son precieux sang. Ce qui est fort bien representé par l'arbre: Car ainsi qu'au milieu de l'Eglise nous voyós le Crucifix: ainsi au milieu du Nauire nous voyons le mats auec l'entenne faict en façon de croix. Le voile qui y pend, & fait aller le Nauire par la force du vét, represente Iesus-Christ pendant à la Croix, lequel meine & conduict l'Eglise par le vent, qui est l'assistance du S. Esprit. La blancheur du voile signifie l'innocence de Iesus-Christ, qui a enduré pour nos offences. Le soir & matin se font les prieres deuāt l'arbre: ainsi à l'entree & saillie de l'Eglise se font & doiuent faire prieres deuant le Crucifix: ce qui s'obserue ordinairement entre les Chrestiens. D'auantage les cordages lient le mats ou l'arbre auec le vaisseau, & les faict tenir enséble: ainsi la charité de l'Eglise fait lier Iesus-Christ auec les Chrestiens, & les Chrestiens auec Iesus-Christ par leurs bonnes oeuures, comme il est dict en

S. Iean cap. 13. *Mandatum nouum do vobis vt diligatis inuicem.* Ie vous donne vn nouueau commandement, que vous vous aimiez les vns les autres, qui est le precepte de charité. En cela vous serez cogneu mes Disciples, si vo9 auez dilection. Puis, demeurez en moy, & ie demeureray en vous. Nous voulant donner à entendre, qu'il faut que nous soyons liez auec luy par charité. D'auantage, les cordages seruét d'eschelle pour monter sur le Gabie: ainsi Charité nous sert d'eschele pour monter en Paradis. Au sommet du mats y a vne flesche qui tourne le poincte directement à l'encontre du vent: ainsi le Predicateur se doit tourner contre les vices, & les reprendre auec la parolle de Dieu, qui est plus penetrante, que tout glaiue trenchant des deux costez. La Poupe où sont les Gouuerneurs du Nauire, represente la presence des Pasteurs en l'Eglise. Comme le Patron represente le Pape, *cui Christus curam commisit ouilis.* Le Pilot, Naucher, & Conseillers de pouppe, sont les Cardinaux, Euesques, & Prelats, lesquels ont charge subalterne du S. Pere sur l'Eglise. L'vn a charge d'vne chose, l'autre d'vne autre: Ainsi en l'Eglise, l'vn a charge d'vn Diocese, l'autre d'vn autre: Pleust à Dieu que chacun print peine de s'en acquiter. Le Pilot tenant le Timon en main gouuernant le Nauire, & faisant aller droit, represente l'Euesque, tenant sa crosse, qui luy signifie la parole de Dieu, par laquelle il doit regir & gouuerner ses oüailles. La Senteine, qui est le receptacle de toutes les ordures du Nauire, & est au plus profond, laquelle est purgee non seulemét vne fois, mais tousiours, de garde en garde, de deux heures en deux heures, afin qu'elle ne gaste la bonne marchandise de l'estiue, & qu'elle ne gaste le vaisseau: Ainsi les meschans doiuent estre retranchez de l'Eglise par excommunications, & expulsions, craignant qu'ils ne soient cause de la perdition des bons: car on dict communement, que *Morbida sola pecus inficit omne pecus.* Vne brebis galeuse gaste tout le troupeau. Puis apres sont les anchres, qui seruent d'arrester le vaisseau, craignant qu'il ne heurte contre le rocher, lors que la tempeste est, iusques à ce qu'elle soit passee: Ainsi en l'Eglise nous auons les anchres, la foy, & l'esperance, qui nous arrestent au temps de persecution & tribulatiõ, nous tenãs fermes & stables en la Religion Catholique, en esperance d'auoir de nos pechez remissiõ. Ces deux anchres font, que ne succombons au trauail: mais plustost nous confians en Dieu, nous esperons en estre deliurez. D'auantage par le moyen du quadran & carte marine, on gouuerne le chemin, & peut-on cognoistre où on est: Ainsi en l'Eglise, si tu veux sçauoir l'estat où tu es, regarde le quadran de la parole de Dieu, touchee par la pierre d'Aimant, l'Eglise: prens la carte de ta vie & la compasse, & regarde si tu oys volontiers la parolle de Dieu, & si tu la regarde bien, lors tu sçauras en quel lieu & chemin tu seras. Car bien-heureux sont ceux qui escoutér la parolle de Dieu, & qui la gardent. Si les tenebres sont, sçauoir doubtes ou schismes, prens la lumiere, c'est à dire, si tu as doubte de quelque chose, va aux superieurs, qui t'asseureront de ton chemin: car Malach. 2. *Labia Sacerdotis custodiunt scientiam, & de ore eius legem requirent.* Les leures du Prestre gardent la science, & le peuple cherchera la loy de sa bouche. Suit encore vne chose representant grand mystere, c'est que le feu se garde au Nauire tant que elle vogue sur mer: que signifie cela? sinon que l'assistance du S. Esprit declaree par le feu, comme il est dict act. 2. & Math. 28. cõduira & gouuernera l'Eglise tãt qu'elle voguera sur la mer de ce monde: Cela nous represente aussi la reale presence du corps de nostre Seigneur Iesus-Christ au Sacremẽt de l'Autel, lequel, comme chef, accõpagne son Eglise, comme Pasteur, la nourrit, & luy cõmunique son corps, qui est vn feu bruslant en Charité. Et qui plus est, ne la delaissera point iusques à la consommation du monde, comme il dict en S. Mat. 28. *Ecce ego vobiscum sum vsque ad consummationem seculi.* Le feu sert ordinairemẽt pour eschauffer ceux qui sont froids & tepides: ainſi ce feu de charité, ſçauoir le corps de noſtre Seignr, rechauffe ceux qui s'en approchent, de telle façon, qu'ils bruſlent du feu de charité. Auſſi comme dict S. Cyprian: Nous nous retirons de la ſacree communion, ainſi comme Lyons eſcumâts du feu: Car celuy qui reçoit dignemét le corps de Ieſus-Chriſt, il eſt tellemét enflammé en charité, qu'il oublie tout le mal que on luy a faict: il faict bien, & prie pour ſes ennemys. S'enſuit encore vne conſideration qui eſt belle à conſiderer: ſçauoir, que durant la nuict, la garde ſe faict, & d'heure en heure celuy qui tiét & manie le tymon, ſonne la cloche, afin que ceux qui dorment ſe reueillét: ainſi en l'Egliſe, celuy qui tient le baſton paſtoral doit veiller ſur les ames, & les aduertir par predications, repreſentees par le ſon de cloches: afin que ceux qui dormét, ſçauoir les pecheurs, viennent à s'eſueiller, & ſe retirer de leurs pechez, au ſon de la cloche, c'eſt à dire par le moyen de la predication. S. Paul dict ſur cecy, s'adreſſant aux pecheurs qui ſont endormis en leurs pechez,

pechez : *Surge qui dormis*, Toy qui dors en ton peché, efueille-toy, penfe à ta confcience, craignant que les volleurs, les Diables, ne te trouuent endormis, & qu'ils ne te facent tort.

Voyla ce que ie trouue digne de remarque au Nauire: Parquoy craignans que ne foyons obruez des eauës marines, ne fortons du Nauire. Ne delaiffons auffi noftre mere faincte Eglife, encores que nous la voyons fort agitee, fi nous voulons eftre fauuez. Mais nous confians à la parolle de Dieu, qui a promis à S. Pierre, luy difant, Tu es Pierre, & fur cefte pierre i'edifieray mon Eglife, à l'encôtre de laquelle les portes d'Enfer ne pourront preualoir: Demourons en icelle, ioignons-nous à l'arbre par charité : lions-nous enfeble les vns auec les autres par la mefme vertu, & nous pourrons paffer de cefte mer : ainfi comme les peregrins paruiennent en Hierufalem terreftre: paffant la mer par le moyen du Nauire: Ce que ie prie Dieu le Createur nous faire la grace. Ainfi foit-il.

D

La guide des chemins

De ce que nous auons veu estans sur mer iusques à Tripoly. CHAP. 13.

LE Lundy iour de S. Marc 25. d'Apuril, nous estans montez au Nauire du Consul de Tripoly, nous nauigeasmes auec vn bon vent, iusques à tant que le Mercredy suyuant, enuiró midy, nº vismes l'Isle de Sardaigne, à costé senestre, qui est vn petit Royaume fertile au possible. Le iour suyuant nous vismes à costé dextre la Barbarie, Royaume fertile, de l'appartenáce du Turc: là où ainsi cóme me dit vn hóme qui en reuenoit, le boisseau ou quartel de bled ne vaut que cinq sols de nostre monnoye, & me dit qu'il eut deux perdrix pour cinq liards, & q̃ le bœuf n'y valoit qu'vn escus. Par apres nous vismes les gardes de Besert, qui sont deux petites montaignes: le cault des Ebibes, qui est dit le port des ports aux farines, port propre pour les armee: puis l'Isle des Ambres, qui est directemét au midy, pres laquelle estoit Carthage l'antique: puis apres nous vismes la Goulette petite Isle, que le Turc a cõquis depuis peu de tẽps sur le Roy d'Espagne. Sur le soir nous commençasmes à voir l'Affrique, qui est directemẽt à midy. Enuirõ la mesme heure le vent nous manqua, & la mer estãt bonnace ou calme, le canon fut chargé & preparé pour se deffendre, si l'occasion s'eust presenté. Le Vendredy matin no⁹ vismes l'Isle de Maretimon, au ponant, du commencemẽt de la Sicile: au costé dextre nous vismes l'Isle de la Pátellerie, habitee des Chrestiés. La nuict mesme enuiron le minuict le vent se chágea de magistral en marin, qui nous fit grande incommodité, tant que nous fusmes cõtrainċts de descẽdre pres de la Sicille, Isle fertile: Et entre les montaignes qui y sont, nous y auons veu le mont Gibel, dict anciennement le mont d'Ethna, qui iectoit feu au temps passé, & brusloit petit à petit les enuirons, tant que ceux du pays se sont mis en prieres, & ont faict processiõs, pour appaiser l'ire de Dieu, ce qui fut faict: Car le mont qui auoit desia bruslé dix lieuës à l'entour par le feu qu'il iettoit, cessa, & maintenant il

D ii

fume seulement d'vne grosse fumee.
Le premier iour de May nous rencōtrasmes cinq Naues venans du leuant à Marseille, qui est chose belle a veoir sur mer. Le mesme iour nous vismes l'Isle de Malte proche de la Sicille à costé dextre, & peut-on nauiger & passer de l'vne à l'autre en vēt commode en vn iour: & auant ladite Isle se veoit premierement vne autre petite, appellee les Gots, où il y a vne forteresse, où pour lors commandoit vn Cheualier nommé Monsieur Salerne. La nuict du Mercredy suiuāt, suruint la tempeste, comme i'ay dict cy dessus. Le Ieudy suiuant suruint encore vne autre, qui dura iusques au milieu de la nuict, & lors le Naucher fit caller tous les voiles, & laissa aller le vaisseau à la misericorde de Dieu, & des vents. Le Vendredy sixiesme enuiron dix heures, se changea de marin en magistral: & sur le soir nous passasmes pardeuāt la ville de Malte, qui est principale de l'Isle, & n'y a que celle-là, & enuiron 70. villages. L'Isle contient de circuit enuirō 50. lieuës, auquel lieu sont les Cheu-

liers de l'ordre de S. Iean de Hierufalé, fondé en l'Eglife proche du fainct Sepulchre: lefquels bataillent ordinairement pour la tuition de l'Euangile. Du depuis le vent nous fauorifa tant que le Sabmedy 14. du mois nous paffafmes pardeuant & outre l'Ifle de Candie, qui eft vne Region au milieu de la mer enuironnee de hautes môtaignes. La ville principale fe nomme Candie, duquel nom la mefme Ifle eft denommee, qui appartient à la Seigneurie de Venize, & eft fituee du cofté de Septentriô. Le Lundy 16. du mefme mois au matin le vent nous fit la guerre, dôt on nous retrâcha la portion de bifcuit, & commença-on à donner à vn chacun, commençant du grand iufques au petit, vne liure de bifcuit par iour. La nuict mefme la tempefte furuint, qui nous donna grand' crainte, & fallut aualler les voiles, & laiffer aller le vaiffeau au vouloir du vent. Le Mardy fuiuant fur le midy, nous vifmes l'Ifle de l'Efcarpét, habitee par Grecs & Turcs, mais les Turcs y dominent: Puis fur le foir nous vifmes l'Ifle de Rhodes, où

D iij

La guide des chemins

les cheualiers estoient anciennement, comme à Malte, maintenant possedee par les Turcs. Le Ieudy suiuant, nous vismes la Region de Natalie, qui est terre ferme, par où on peut aller à pied à Venize: mais ce n'est le plus seur ny plus court. Le Vendredy sur le midy nous commençasmes à veoir l'Isle de Cypre prise par les Turcs l'an 1571. & estoit de la Seigneurie de Venize: En tout le Sabmedy nous demourasmes deuant, & le Dimanche enuiron neuf heures du matin, le vent se changea qui nous fit faire expedition. Entre les môtaignes de ceste Isle on en voit vne fort haute, sur le sommet de laquelle, auant la prise de l'Isle par les Turcs, y auoit vne Croix esleuee en l'air miraculeusement, sans aucun fulciment: ce que les peregrins visitoiét, mais maintenant ladite Croix est tombee, cômme l'a dict vn Grec du lieu, & gardee secrettement, enterree dans l'Eglise qui y est, craignant les infidels: & est encores appellé le mont de la saincte Croix de Cypre. Le Mardy 24. de May au matin nous commençasmes à veoir le mont du Liban, fort haut, sur lequel est la neige en tout temps, pour la froidure qui y est: puis nous vismes la ville de Trypoly de Surie, & y arriuasmes sur le midy: & au sortir du vaisseau, & à l'ëtree de la terre les Turcs nous vindrent accoller les vns apres les autres, pour veoir & taster si nous auions de l'argent: où il faut vser de prudence & conseil, & ne porter son argét auec soy, sans premierement s'enquester s'ils foüillent ou non: ne faut aussi refuser la courtoisie, qui sont deux medins, craignant la bastonnade. Le medin est mónoye du Turc, qui vaut trois liards de nostre monnoye, & le sayet en vaut six.

De Tripoly de Surie, & des gens qui y habitent. CHAP. 14.

TRipoly de Surie, là où viennent ordinairement les peregrins pour aller en Hierusalem, est vne ville & place, à ce que i'ay peu considerer, bié antique: en laquelle demeuroient anciennement les François, comme le faict cognoistre le beau & fort Cha-

D iiij

steau, qu'y a faict bastir Regnault de Montauban, qui estoit Pair de France. Ladite ville est spacieuse & assez grande, sans toutesfois estre enuironée de murailles ou remparts. Les rues sont fort estroites, & couuertes en partie, principalemét où se tient le Basac, lieu où se vendent les marchandises. En ladite ville y a abondance de fontaines propres pour les bains, d'eauës noires, & chaudes, qui seruent de medecines. Il y passe aussi vne petite riuiere, qui vient du mont du Liban, commemoré en la sainte Escriture, lequel est proche de la ville de 7. l. i'entend iusques au haut dudit mont, & semble toutesfois estre ioignant & proche de la ville. Du costé du ponant est la plage où les vaisseaux chargent les marchandises. En ladite ville y a plusieurs natiós, qui viuent chacune à leur façon. Les Chrestiens y sont en petit nóbre: toutesfois encores y en a-il ordinairemét, comme les François, & les Venitiens, qui y font exercice de la Religion Catholique, en leurs maisons seulement, où il y a des chapelles, là où iournellement on celebre la Messe. Quant aux François, ils ont vn fort beaux logis, appellé le Foudigue des François, où ils se retirent tous, & viuét là souz l'obeissance du Consul qui y est pour représenter la personne du Roy. Au milieu du logis, & aux quatre coings y a quatre Orágers beaux à merueille, presque tousiours chargez d'Oranges, tant flories, comme vertes, & meures. Il y a vne chapelle, où on celebre la Messe ordinairement: & y ay celebré le iour de l'Ascention, & faict la predication, à la requeste de Monsieur le Consul, où se trouuerét enuiron deux cens assistants & auditeurs. Audit logis il y a vn chien digne de memoire: pource que comme i'ay veu, il ne veut endurer les Turcs, ny les Iuifs & autres nations y entrer: les Turcs portent sur leurs testes, pour chaperons, des turbans, qui sont grandes toiles entortillees à l'entour de leurs testes: & les Iuifs portent des bonnets rouges: & quand le chien en voit l'vn ou l'autre, il ne fault point de se ietter à eux, encores qu'ils y habitent ordinairemét,

D

comme le Ianiſſaire qui y boit, mãge, & couche, neantmoins ledit chien n'a aucune paix auec luy, non plus qu'auec les autres. Il ne dit mot aux Chreſtiés, principalement aux François, encores qu'il ne les ayt iamais veu. Ce q̃ nous auons experimentez ſouuentes fois: Car y entrans, nous, & d'autres, il nous vint fleurer, puis nous fit feſte, comme s'il nous euſt cogneu de long temps. Y eſt auſſi vn logis à la Seigneurie de Venize, ou il y a vn petit Conuent de Cordeliers, qui y ſont fondez d'antiquité, auquel on celebre la Meſſe iournellement, & les heures canoniales s'y dient auſſi. Les autres Chreſtiens ſont Grecs, & rendent tribut au Turc, trois ducats pour homme, par chacun an. Ils ont vne Egliſe, en laquelle ils celebrét à leur mode, *& in pane fermentato*. Et ſont cognus & diſtinguez des autres, en ce qu'ils portent ordinairemét des bonnets noirs fort larges. Les Turcs ont des Moſquez, qui ſont leurs Temples, la pluſpart deſquels eſtoient Egliſes au temps paſſé, comme on peut coniecturer par les clochers qui y ſont

pour le voyage de Hierus. 43

encores faicts à la façon des autres. Au milieu desdits Mosquez il y a des fontaines, comme i'ay veu, où cinq fois le iour ils se lauent la face, les mains, & autres parties du corps, auant que se mettre en prieres: ils laissét aussi leurs souliers à la porte, & vsent de lampes pour luminaires, & estiment par telle lotion estre purgez de leurs pechez. Les lieux où ils enterrent leurs morts sont proches des Mosquez, au moins la pluspart: & enterrent les Seigneurs au milieu de la Mosquee. Quant aux funerailles & conuoye, ils s'y comportent, à ce que i'ay veu, assez honnestement, selon leur mode. Car tous ceux qui sont de la parenté, & inuitez, s'assemblent tous audit conuoy, & meinent le mort en bel ordre en sa sepulture, estant couuert d'vn linge blanc, & porté au milieu du conuoy. Le Prestre chante & comméce quelque priere en leur langage, comme ie l'ay oy: toutesfois ne le peux entendre, ny rien cóprendre. Quát aux sepultures ils les font creuses, principalement aux plus honnorables, & à la couuerture de

La guide des chemins
dessus y laissent des trouz, croyãs que la viande qu'ils y apportent soit prise par le mort. Ils croyent que faisans bône chere sur les fosses des trespassez, ils s'en ressentent, & les auons veu y banquetter. Nous les auons veu aussi vser de chappelets en leurs prieres, ce qui me fit esmerueiller : & en vendét publiquement : & leur priere est telle, sçauoir, que commençant au premier grain iusques au dernier, ils dient, *Staphourla, staphourla*: & puis en retrogradant, ils dient encores à chacun, *Saban alla, Saban alla*, qui vaut autant en Frãçois, comme dire, Dieu soit loüé, Dieu soit loüé: puis à la retrogradatiõ, Dieu me vueille aider, Dieu me vueille aider. Quãt aux horologes, ils n'en vsent aucunement, sinon que de la vociferation des sacrificateurs, qui montét sur les tours ou Mosquees, & crient à chacune des fenestres tant qu'ils peuuent, *O salem*, en faisant retentir la derniere syllabe, qui vaut autant, comme venez à l'oraison. Puis ils crient, *Leillé leillé, lallah, Mahomet sidi lassu lillé lallah*, c'est à dire, Dieu est Dieu, & Mahomet le

Prophete du grand Dieu. Ce qui se faict à l'aube du iour, à midy, à Soleil couchant, puis quand il est grãd nuict, & à minuict. Depuis trois ans en ça, le grãd Turc Sultan mort, auoit faict faire à Constantinople vn gros horologe, qu'on entendoit presque de toute la ville : ce que voyans les sacrificateurs de sa loy, luy demanderent, s'il se vouloit faire Chrestien, voyant qu'il vsoit de cloches comme les Chrestiens : Ce qu'entendant il le fit rompre & oster. Quant à leur creance, elle est telle, sçauoir, qu'ils croiẽt qu'il y a vn Dieu, ce q̃ croiẽt aussi les demõs : mais de croire en Dieu cõme nous, ny en Iesus-Christ, non. Aussi ils croyent que Mahomet est le Prophete & cousin du grãd Dieu, qu'il est leur intercesseur enuers Dieu: ils vsent de la circoncision, comme les Iuifs: non toutesfois comme les Iuifs: Car ils n'obseruẽt le tẽps ny la maniere des Iuifs. Il leur est permis de prẽdre fẽmes tãt qu'ils en peuuẽt nourrir. On nous en monstra vn, aagé enuiron de 60. ans, qu'on nous dict en auoir neuf. Ils se rasent la teste du tout, excepté le dessus enuiron large comme vne piece de vingt sols, & laissent là croistre les cheueux longs, croyás que au iugement Mahomet les retirera du tombeau par ces cheueux là. Quand il y a quelqu'vn de mort, ils vlulét toute la nuict, puis estant au sepulchre, ils y portét pain & vin, comme i'ay dict, pensans que le mort en mange. Les hommes sont puissants, & d'assez belle stature, c'est grand dommage qu'ils ne sont aornez de la foy Chrestienne: les vns sont noirs comme charbon, les autres blancs. Les femmes allans par la ruë sont couuertes de grands voiles blancs, depuis le sommet de la teste iusques aux talons, & ont deuant leur face vn morceau de crespe noir, ou d'estamine. Les maisons sont plates par dessus, là où on se pourmeine ordinairemét. Quát aux viures, ils estoiét chers selon leur respect: Car ils disoient, que iamais ils n'auoiét veu telle cheressé, à cause d'vne armee que leuoit le Turc, pour aller en Perse contre le Calibas. Les gens d'armes & compagnies n'entrent point aux villes ne villages pour loger, mais au milieu des champs. Quád nous arriuasmes à Tripoly, nous passasmes au trauers d'vne compagnie cápee à la prairie, auec tentes & pauillons. Ils vsent pour leurs armes de coutelats, auec rondaches, & picques à cheual, auec arcs & flesches. Ils viuent de peu, & à bon marché: car ils ne mangent ordinairemét que des oignons, ciues, porreaux, cócombres, i'entend quand à la populace: mesmes ils ne boiuent point de vin, sinon en secret: car leur loy leur en defend l'vsage: Que s'ils estoiét trouuez en beuuants, ils seroient bastonnez par les Ianissaires, qui sont comme Sergents & hommes gagez pour aller en guerre, & pour cóseruer les loix. Voyla ce que i'ay remarqué à Tripoly estant entre eux.

De nostre nauigation de Tripoly à Iaphe.
CHAP. 15.

LE iour de l'Ascention de nostre Seigneur, apres les vespres, nous fusmes conduicts par vn Ianissaire ordonné du Consul pour nous faire am-

La guide des chemins

barquer, afin de nauiger iufques à Iaphe. De Tripoly nous fallut prédre des Afnes, pour aller iufques à la mer. L'accord faict auec celuy qui nous deuoit conduire, mener & ramener, eſtoit de 60. ducats de Turquie, qui reuiennent à vingt cinq eſcus de noſtre monoye, ſans noſtre viure : Car il ne nous deuoit donner que de l'eaue à ſept que nous eſtions: Là où il faut aduiſer, de faire prouiſion de biſcuit d'aſſez bonne quantité: car le vent n'eſt touſiours commode, lequel eſtant commode, il ne faut que trois iours & trois nuicts, ou eſtant contraire il en faut plus de quinze. Nous donc approchans l'eſquif pour nous embarquer, nous fuſmes arreſtez par des Mores, qui auoiét des baſtons pres à nous baſtoner, auſquels fallut dóner la courtoiſie de chacun deux medins. Eſtant donc embarquez, nous fuſmes aſſez mal conduits, pour la diuiſió qui eſtoit entre noſtre códucteur, & les mariniers, qui ne faiſoient autre choſe que quereler. Là ou ie veux aduertir le Peregrin, de s'informer premierement de la guide, & de son conducteur, pource qu'ordinairement pensant vn peu gaigner, on perd beaucoup, & estimant auácer, on recule, comme nous feismes : Car l'ignorance de nostre conducteur, nous fit tomber en de grands incoueniens, & dangers. Toute la nuict le vent fut petit, & n'allasmes pas loing. Le iour ensuyuant nous vinsmes gister & poser l'anchre au pied d'vn rocher en vne plage proche d'vn village nommé Asme. Le Samedy le vent nous fut contraire, & fallut anchrer en vne plage proche d'vn village nommé Petronne, là ou nous voyions les Turcqs se lauer en vne fontaine, cōme i'ay dit cy dessus, puis baiser la terre, auec inclinations vers le Soleil : lequel estant couché, nous vismes le Prestre sur la Mosquee crier, à la façon que i'ay declaré cy dessus. Le Dimanche matin nous fusmes cōtraints de veoir ce que n'esperions, & nauiger plus que ne voulions : car le vent nous mena droit en l'Isle de Cypre, & arriuasmes pres de Famagouste, ou il nous fallut camper. Famagouste est ville bien forte, situee sur le bord de la mer, qui fut prise par le Turc l'an 1571, cause de la perdition de l'Isle & Royaume de Cypre: Car c'estoit, & est la plus forte place qui soit audit Royaume: deuant laquelle le Turc fut dixneuf mois, & fut contrainte par famine de se rendre. Il se veoit encore en icelle ville de belles Eglises, comme celle de S. Nicolas, qui est vn beau & excellent bastimét, presque semblable à celuy de S. Nicaise de Reims, & celle de S. Pierre, qui sert de grand Mosquee, doit faire hôte à l'heretique, qui les desmolit, pour tenir son presche en vne grange ou estable. Auant que les Venitiens eussent perdu ladite ville, comme me dit vn Grec du lieu, les peregrins qui venoient de Venize passoient ordinairement par là, & visitoient lesdites Eglises, ou au retour de Hierusalem. Les Grecs qui y habitoient en ont esté chassez petit a petit par succession de temps, & habitent en des bastides & metayries prochaines, vexez toutesfois par lesdits infidels: Car ils leurs prennent leurs biens, selon leur vouloir, & s'ils contredisent, ils sont bastonnez. Le Lundy nous passasmes proche des murailles de ladite ville, & vinsmes anchrer à vn quart de lieüe au dessus, & mismes pied à terre, pour aller aux viures. La moisson estoit desia faite, & les vignes en vetius. Le matin suyuāt, nous vinsmes gister en vne autre plage, le vent nous contrariant. Le Vendredy nous vinsmes poser l'anchre aux Salines là ou se faict le Sel: Lequel se faict de leau & de l'escume de la mer, qui viēt entrer sur la terre dans des grands fossez, puis là il se congele estant mixtióné de peu d'eauë douce, & se faict par l'ardeur du Soleil; comme mesme il se faict dans les troux des rochers, ausquels la mer vient donner. Là il nous fallut prendre des viures, & si nous y eusmes du vin Grec tref excellent, à assez bon marché. Le Sabmedy 4. de Iuin veille de Pēthecoste le vent nous conttraria encores: de sorte que nous fusmes contraincts de circuir presque toute l'Isle de Cypre: & vinsmes nous anchrer pres le mont saincte Croix, cy dessus nommé, là où le quartier de mouton nous cousta dix medins. Le iour de Penthecoste estans tristes du vent qui nous auoit tousiours contrarié, nous fusmes recreez d'vn vét propre, qui nous porta iusques au Cap de Gaste; là où fallut encores anchrer, le vent estant máqué. Le soir venu, nous ne fusmes en grande seureté, pour ce que les mariniers estoiét en querelles, prests à occir le Patron: En fin ils s'accorderent, par l'absence de ceux qui esmouuoient la querelle, qui s'en allerent. Et puis apres fut faict voile, & le vent nous fauorisa, tant que le Mercredy iour de S. Medard 8. de Iuin, nous commençasmes à voir le port de Iaphe, & y arriuasmes sur le soir, & là nous fallut pernocter. On no' enuoya vn panier d'abricots par present, en esperance de double paye.

Du port de Iaphe iusques en Hierusalem.
CHAP. 16.

LE port de Iaphe, ainsi appellé à cause de la ville qui estoit proche anciennement, maintenant petit village, c'est le lieu où abordent les peregrins pour aller en Hierusalem, & est plage en partie, & en partie port. Ce qui est port est dans les rochers, où cómande vne montaigne, en laquelle se voient encores plusieurs masures, qui donnét à cognoistre, que c'a esté vne place de grande force & apparence. Quelques vns nous ont dict, que c'estoit le Chasteau du Capitaine & grand zelateur de l'hôneur de Dieu Iudas Machabeus, & qu'vn peu plus haut où est vne Eglise dicte S. Pierre, est le lieu où S. Pierre auoit coustume de prescher. Maintenant en ladite montaigne n'y a que deux tours quarees, où il y a garde ordinairement: & estant là, fallut aller au Capitaine demander guide, & enuoyer querir des asnes en Rama: & pendant que nous estions au vaisseau attendans les Asnes, nous fusmes visitez des Turcs, qui nous demandoiét des courtoisies tant & plus, iusques à nous prendre pain & vin, encores que l'vsage du vin leur soit prohibé, neátmoins ils y sont friands à merueille. Et conseille celuy qui voudra aller en tel lieu, qu'il n'en porte que ce qu'il en

La guide des chemins

veut perdre, ou bien qu'il le cache secretement, & le vaisseau aussi dans lequel il boit : car par l'odorat du vaisseau qui sent le vin, ils supposent, & croient qu'on en a, comme ils firét : & fallut leur en donner bon gré malgré nous, autrement ils nous eussent tout réuersé, & faict tort. Il fallut aussi leur dóner à chacun deux medins de courtoisie, puis ils s'en allerét. Le Vendredy ensuyuant nous descendismes en terre pour monter à cheual sur des asnes, & y faict-on aller malgré qu'on en ayt, auec garde d'Archers : & pendant que nous attendions les asnes sur le riuage de la mer, les Turcs venoient à l'entour de nous, se mocquás de nous, & nous iettrans des pierres : & en tout faut piller patience : Auant que partir, il fallut payer le tribut, qui est enuiron vn escus pour homme, puis auec gardes nous vinsmes en Rama. Au chemin nous trouuasmes vn village d'Arabes, qui estoit composé de tentes & pauillons : & apresqu'ils ont seiournez cinq ou six iours en vne place, ils portent leurs tentes en vne autre, & habitent ainſi en ces quartiers. La terre depuis Iaphe iuſques à Rama eſt d'vne belle aſſiette, & bien fertile, non cultiuee toutesfois que bien peu, car les Turcs ne s'adónent quaſi point au trauail. Au milieu des cháps on voit des Oliuiers, grands champs de melons, & cócombres, desquels ils viuent le plus, auec oignons, & de la paſte à demy cuicte, faicte en façon de galette, & force riz, qui eſt en abondance au pays. Ledict pays eſt neceſſiteux en eauë, qui eſt la cauſe pourquoy on la trouue ſi bóne : & n'ont que des ciſternes au milieu des champs, où ils abreuuent leurs beſtes, comme cheures, chameaux, moutons, grands & puiſſants, qui ont la queüe large d'vn pied : i'en ay veu auſſi entre les autres qui auóiét quatre cornes. Et enuiton 8. heures apres midy nous arriuaſmes en Rama, ville commemoree en la ſaincte Eſcriture, non fermee ſinon que des maiſons, aſſez grande, où on veoit encores deux Egliſes puiſſantes, auec deux tours ou clochers de pierre tombans en ruine. Et à coſté de la ville vers le-

La guide des chemins

uant à demy lieuë se voit l'Eglise & place où S. George a esté martyrisé. Nous vinsmes loger en l'hospital, deputé pour les peregrins, qui est vn lieu fort antique, & basty magnifiquemét: mais faute d'entretenement, il va en ruine. Là il fallut demander congé pour passer outre, & payer le tribut au Bascha, & autres courtoisies, sãs aucun refus. Faut aussi donner au Capitaine des Arabes vn sacquin pour teste, & ne faut faillir à leuer le bultin: autrement il cousteroit au double. Faut dóner de l'or pesant à leur gré, & sans refus, autrement vous feront arrester, & leur donner à leur volonté. Le iour de la Trinité ie fus en l'Eglise des Grecs, qui habitent audit lieu, & est l'Eglise dediée à la mere de Dieu: en laquelle y a enuiron cinquante Chrestiens, & est diuisee en trois: sçauoir en la partie où est l'Autel, qui est fermee, & n'y a que le Prestre & les adiuteurs, & ne se voit quád il celebre sinon à l'eleuation: le chœur où sont les hommes: puis y a vn entre-deux où sont les fémes, qui voient dans le chœur par des crencaux, creneaux, craignant que les hommes ne les voient, & soient distraicts de leurs prieres & oraisons. Le Lundy suiuant nous fusmes de Rama en Hierusalem, & partismes nous à deux heures deuant le iour. Durant le chemin les Arabes sont attendans, qui demādent des courtoisies tant & plus: & enuirō trois lieuës par delà, nous en trouuasmes vne bāde à cheual. Et afin qu'ō puisse entendre, les Arabes sont vne nation, lesquels mesmes font guerre aux Turcs, & habitent és montaignes dans des cauernes, comme volleurs nommez bādouillers, là où ils ne peuuent estre attrapez: ils viuent comme bestes, sans aucune humanité, nuds en partie: & ont des sentinelles sur les montaignes, qui leur donnent aduertissement, quand les peregrins passent. Lesquels Arabes entendās la voix des sentinelles, sortent de leurs tanieres comme Lyons, apres les peregrins, desquels ils exigent peage, & là, & enuiron trois lieuës, le long d'vn bois & desert, auāt Hierusalem, est le chemin le plus dangereux & difficile: & là est besoin d'vn bon conducteur: La premiere bande donc estoit à cheual, auec picques en main, & apres qu'elle nous eust conduict vne lieüe & demy, leur conuint donner la courtoisie: Et ceux cy nous quittans, & entrans dans les bois susdits, nous fusmes arrestez par vne autre bande meschante au possible, ausquels pour hõme fallut donner 22. medins, auec danger de coups de bastons. Depuis, nous vinsmes en la Chapelle de Godeffroy de Billon, laquelle le bon Roy auoit faict bastir, auec vn petit Conuent (maintenant ruiné) pour receuoir les peregrins: auquel lieu y a vne fontaine, où les Arabes exigent encores peage. Apres ladite Chapelle se voit vn Chasteau haut esleué, & au bas des vieux bastimens & mazures: qui donnẽt à coniecturer, qu'au temps passé y auoit là de grãdes forteresses: vn peu plus auant faut passer vn petit pont, puis là est le lieu où Dauid tua le geant Goliath. Puis on commẽce à monter au mont de Ioye, ainsi dict, pour la ioye que reçoiuent les peregrins, quand ils voient la ville:

Car de là nous commençasmes à voir la Cité du grãd Dieu, & en approcher auec grande ioye, ce que nous desiriõs de long temps. Et doiuent les peregrins incontinent qu'ils la veoient, se ietter à genoux, remercier Dieu de ce qu'il les a amenez iusques là, en saluãt le S. Sepulchre. Et estans proches de la porte contiguë du Chasteau, nous veismes vn piteux spectacle, sçauoir vn hõme ampallé, ou percé d'vne perche ou pieu, depuis le fondement iusques à la gorge, embroché comme vn chappon. Et d'autre costé y auoit vn autre corps mutilé de tous les mẽbres, qui auoit esté executé le iour de deuãt. Et me dit-on, que celuy qui auoit esté ampallé auoit vescu deux iours en tel estat: dont on cognoit, qu'encores auiourdhuy les habitans de ce lieu sont cruels en l'administration de Iustice.

De la saincte Cité de Hierusalem, & des lieux circonuoisins. CHAP. 17.

HIERVSALEM, autrement dite Solimam, ou Salé, Cité du grãd Dieu, à cause des mysteres tãt de l'an-

cien que du nouueau testament qui y
ont esté celebrez & accomplis, est ville de grande estendue, situee en partie
sur le mont de Sion, enuironnee de la
vallee d'Acheldemach, depuis le Chasteau iusques à la fontaine de Siloé est
vne autre vallee, denommee du nom
de fontaine mesme: lesquelles vallees,
sçauoir Acheldemach & Siloé enuironnent le mont de Sion en partie:
puis celle de Siloé vient rendre en celle de Iosaphat, qui mōte iusques à l'édroit de la porte de S. Estienne, & passe plus haut. Et au milieu de ceste vallee passe le Torrent de Cedron: du costé duquel est le mont d'Oliuet: du
haut duquel on peut veoir & considerer toute la ville. Laquelle est enuirōnee de fort belles murailles presque
neufues: Ce qui a esté faict par Sultan
Solyman pere du Turc qui regne à present, à cause de l'incursion des Arabes,
qui la pilloient & roboient ordinairement, & y a enuiron 40. ans. Au tēps
passé elle n'estoit pas de l'assiette que
elle est maintenant: Car le Cenacle
où nostre Seigneur institua le S. Sacre-

pour le voyage de Hieruſ. 51

mét, partie du mont de Sion, eſtoit dedans, & maintenát il eſt hors des murailles, du coſté de midy. L'autre coſté, ſçauoir le mont de Caluaire, S. Saluateur, & les lieux circonuoiſins eſleuez ſur la coſte de Septentrion, eſtoiét dehors : & auiourdhuy ils ſont enfermez dans la ceinture faicte pour ceſte cauſe peculierement. Dans laquelle ville les lieux principaux & plus apparés ſont, le Temple anciennement dit de Salomon : mais maintenant il n'eſt plus de Dieu ny de Salomon, mais du Diable : car il ſert de Moſquee aux Turcs, les ſeruiteurs du Diable. Mais puis que la Loy Euangelique doit preceder la Moſaique, il eſt raiſonnable, que *recedant vetera*, cóme dict ſainct Thomas d'Acquin, *in officio Corporis Chriſti*. que les vieilles choſes cedent aux nouuelles, la Loy Moſaique à l'Euangelique : le Temple à la ſaincte Egliſe, & S. Sepulchre : auquel temple anciennement eſtoient figurez les myſteres qui ont eſté & ſont auiourdhuy exhibez, & faicts en ceſte belle Egliſe du S. Sepulchre. Donc ie commenceray à par-

E iij

La guide des chemins

ler & descrire par ordre les mysteres & les lieux ou le Saulueur du monde a enduré pour nous racheter, selon le mesme ordre que nous les auons veu & visitez, & les indulgences qui sont concedees à ceux qui deuotement les visitent, & visiteront.

De la premiere visitation des Saincts lieux, & des indulgences concedees aux peregrins. CHAP. 18.

NOus entrasmes donc en la ville de Hierusalem le Lundy 13. iour de Iuin, & auant que proceder & passer outre la porte, il nous fallut attendre le Bascha, pour no⁹ visiter, & nos meubles, & aussi pour nous enrooller, afin de sçauoir nos noms, & le nombre que nous estions, pour payer les tributs, & pour l'étree de la porte de la ville faut donner deux sacquins d'or: par apres nous fusmes conduicts au Conuent de S. Saluateur, là où sont les Cordeliers, où nous fusmes receuz honnestement, & benignement. Premierement, nous fusmes menez à l'Eglise auec exultation, en procession, chantans le

Te Deum. &c. Puis apres celuy qui presidoit, nous fit vne harágue & exhortation en langue Italicque: nous declarant les indulgences, qui estoient en grádissime nombre, à ceux lesquels de leur part n'y mettroient point d'empeschement: nous exhortát à les gaigner: & premieremét celles qui estoient en l'Eglise S. Saluateur, où nous estions: Au grand Autel de laquelle y a indulgence plenissime, en disant 3. fois *Pater noster*, & 3. fois *Aue Maria*. Et à la Chapelle du costé dextre les indulgences y sont concedees, comme au mont de Sion: sçauoir au Cenacle, où fut la lotion des pieds, l'institution du S. Sacrement, la mission du S. Esprit, pour ce qu'on n'y peut entrer, sur peine d'estre ampallé, ou se faire Turc: car ils en fót vne Mosquee, sçauoir les Turcs: là où en disant 3. fois *Pater*. & 3. fois *Aue Maria*, y a indulgence plenissime. A la Chapelle du costé gauche est encore concedee la mesme indulgence qui se gaignoit au mót d'Oliuet, pour ce qu'il n'est permis entrer en la Chapelle dudit lieu, & y a indulgence plenissime, en disant aussi 3. fois *Pater*, & 3. *Aue Maria*. Ce qu'ayans accomplis, nous fusmes conduicts par les venerables Religieux en vne chambre, où on nous laua les pieds, à l'exemple des Patriarches, qui lauoient les pieds aux peregrins: & à l'exéple de Iesus-Christ, qui laua ceux de ses Apostres : Durant laquelle launiō les Religieux chanterent, *Veni Creator*. Puis la refection corporelle nous fut administree, là où pour la prēdre, on no⁹ mena en la chābre dediee aux Peregrins.

De la seconde visitation des saincts lieux, & des indulgences concedees aux visitans.
CHAP. 19.

LE Mardy matin ensuiuant, sortans du Conuent, nous vinsmes à la ruë, par laquelle nostre Seigneur porta sa Croix, allant au mont de Caluaire, & passasmes-nous par le lieu où estoit la porte dicte *porta indiciaria*, par laquelle sortoient les sentenciez : par laquelle aussi nostre Seigneur sortit, portant la Croix sur ses espaules : Là où en memoire y a vne grande colomne de marbre, en disant *Pater*, & *Aue Maria*, y a indulgence de 7. ans, & 7. quarantaines. Et faut icy entédre qu'é tous les saincts lieux sont concedez 7. ans, & 7. quarantaines par S. Sixte Pape, excepté ceux ausquels par le mesme est concedee plenissime indulgence, pour leur excellence & reuerence. Et allans plus auant, nous auons veu en la mesme ruë saincte, par laquelle nostre Seigneur montoit au mont de Caluaire, la maison de saincte Veronique, petite case: laquelle deuant sa maison essuya la face de nostre Sauueur auec son couurechef, dont la figure de sa face y demeura imprimee: & y a 7. ans, & 7. quarantaines, en disant *Pater*, & *Aue Maria*. Plus outre est la maison du mauuais riche: auquel lieu nostre Seigneur se retourna, disant aux femmes de Hierusalé, Ne plorez point sur moy, mais sur vos enfans, & sur vous: car le temps viendra, que la mere mangera son enfant. Ce qui a esté accomply, comme remarquét Ioseph, & Nicephore: lors que Titus, & Vespasian meirent le siege deuant Hieru-

E v

Salem: Car la famine y fut lors si grāde, que les meres mangerent leurs enfans: de ce voy Ioseph *de bello Iudaica*. Et cheminans vn peu plus auant, à costé senestre, pres la porte de Damas, est le lieu, sur le coing, où les gēsd'armes contraignirent Symon Syreneen, de porter la Croix de nostre Seignr̄, pour plustost paruenir au mont de Caluaire. Et de là passant plus outre, par la rue mesme, où nostre Seigneur porta sa Croix, nous auōs veu vne petite Chapelle, là où la vierge sacree fut pasmee voyāt son fils Iesus-Christ portant sa Croix en si piteux estat. Et là mesme nostre Seigneur tomba de pitié & cōpassion, & s'appelle la Chapelle nostre Dame du Pasme, & y a indulgence de 7. ans, & 7. quarantaines, en disant *Pater*, & *Aue*. Vn peu plus auant nous vismes l'arche de Pilate, & sa maison: laquelle arche, par prouidence diuine, demeure iusques auiourdhuy: elle passe par dessus la rue, Et y a du costé de leuant deux arcades sur la grand' rue, portees d'vne colomne de marbre: à l'vne desquelles nostre Seigneur fut monstré aux Iuifs, qui estoient en bas au milieu de la rue, & Pilate qui estoit à l'autre : Et faut entendre que de la maison de Pilate on alloit à l'arche, qui seruoit de gallerie, pour veoir sur la rue, & pour parler au peuple : auquel monstrát noftre Seigneur, il leurs dict, *Ecce homo* : duquel nostre Seigneur fut deux fois examiné, foüetté, & couróné d'espines, auec mocqueries : & en fin à la mort cruelle condamné : & là aussi y a indulgence de 7. ans, & 7. quarantaines, en disant *Pater*, & *Aue Maria*. De l'autre costé, enuiron vn iect de pierre, estoit le Palais d'Herode, auquel nostre Seigneur fut mesprisé, bafoüé, & reuestu d'vne robe blanche, comme s'il eust esté vn sot. Passant plus auant, nous cómençasmes à veoir le Téple de Salomon, auquel plusieurs mysteres de nostre Redemption ont esté operez. Et descendát plus bas pres la porte S. Estienne, nous considerasmes la Piscine probaticque, qui est cóme vne grande fosse à poissons, ou estang tout sec, & sert maintenant de iardin à melons & concombres; y a encores vn petit rayon d'eaüe, qui passe par dedans: Quant aux cinq porches ils n'y paroissent aucunemét. Ausquels trois lieux y a aussi indulgence comme dessus. Vn peu plus auant vers midy, est vne porte, par où on va en la cour du Temple. En retournant vers la porte de Damas, qui est à la partie Septentrionale, nous entrasmes en vne cour, & vismes-nous vne belle Eglise, bastie par saincte Heleine, en l'honneur de Dieu, & de saincte Anne: & passasmes-nous par dedans hastiuement, pour ce qu'elle sert maintenant de Mosquee aux infidels, & vinsmes entrer en vne Chapelle soubs terre, là où la vierge sacree fut conceüe, enfantee, & nourie: & là est pleniere indulgence, en disant 3. *Pater*, & 3. *Aue Maria*. Et de là, retournans en la maison, nous vismes de loing, & visitasmes la maison de Simon le Pharisien: en laquelle la Magdelene vint oindre les pieds de nostre Seigneur: & est là aussi pleniere indulgence aux charges que dessus: & ce en memoire que nostre Sauueur luy dict, *Remittuntur tibi*

pour le voyage de Hieruſ. 55
peccata multa.

De la 3. viſitation qu'auons faict en Hieru-
ſalem. CHAP. 20.

LE meſme iour apres midy, nous priſmes le chemin pour aller au mont de Sion, & nous fallut paſſer pardeuant le Chaſteau de la ville, dict *Arx piſorum*, qui eſt vne forte place, ſituee ſur le commencement du mont de Sion, fermant la ville en partie, cōme à Reims le Chaſteau de Mars, pres duquel caſtel eſt le lieu, où noſtre Seigneur s'apparut aux trois Maries: & là eſt indulgence de 7. ans, & 7. quarantaines, comme aux autres lieux, auſquels n'eſt eſcrit expres indulgence pleniere. Plus auant eſt l'Egliſe de S. Iacques le maieur: où il y a des Chreſtiens Armeniens. Et au coſté ſeneſtre dans l'Egliſe eſt vne petite Chapelle, où il fut decollé: & là eſt indulgence de 7. ans, & ſept quarantaines, diſant *Pater*, & *Aue Maria*. Vn peu plus auāt, nous viſmes la maiſon d'Anne, où noſtre Seigneur fut battu, & mocqué: & là eſt le lieu où il receut vn ſoufflet de

La guide des chemins

Malchus, difant *Sic respondes Pontifici?*
Surquoy plufieurs perfonnages di[sent]
qu'é ce lieu là eft encores ledit Mal[chus]
enterré iufques à la ceinture, cria[nt à]
haute voix, & fans ceffe, *Sic responde[s Pon]*
tifici? en branflât le bras ordinairem[ent. Je]
l'ay entendu auffi de plufieurs, & [nom]
mément d'vn ancien venerable de [no]
ftre paroiffe, homme de bien, que f[on]
nepueu, Religieux d'Auuillers, auo[it]
veu ledit Malchus, comme le nepu[eu]
luy auoit recité à fon retour de Hieru[fa]
falem en la façon fufdite, & qu'il luy
fit trois demandes, fi en l'Eglife fe fai[fo]
foient plufieurs Chreftiés, Preftres, [&]
mariages: Auquel quand le Religieu[x]
eut refpôdu, plus que iamais, Il fe print
à vociferer, comme hurlant, & crie[r]
comme deffus. Plus allant en Hieru[fa]
lem, eftant à Marfeille, vn Religie[ux]
docteur en Theologie de l'ordre de S[t.]
Auguftin, qui là pour lors prefchoit la
quarantaine, me dit, qu'il auoit vn
liuret en fon eftude d'vn Religieux
obferuantin, qui auoit demeuré lo[ng]
temps en Hierufalem, & qu'auec v[n]
Euefque il auoit veu ledit Malchus en

la façõ susdite: Et fut l'Euesque & Religieux, auec autres, par l'espace de 7. [iours] à pourchasser de veoir ladite chose. En fin ils le veirent, ayant corrompu la femme de celuy qui en auoit la [clef], par argent: laquelle, lors que son [mary] fut absent, leur monstra ladite [chose] & dict, qu'ils descendirent en [u]ne cauerne fort basse, où y auoit trois [hu]ys de fer: Ce que ledit Religieux [o]bseruãtin a affirmé auoir veu, par ses [e]scrits. Quant à ce poinct, ie m'en suis [e]nquis à plusieurs, & nõmément estãt à Tripoly, à vn vieil Religieux, homme de bien, du Conuent de Hierusalem, & y a 20. ans qu'il y demeure: lequel me dict, qu'il en auoit ouy parler, mais ne voulut asseurer, que la chose [fut] veritable. Plusieurs dient que c'est [fa]ble. Quant à moy, ie croy ce qui en est. Ie ne doute pas que cela ne puisse estre, & qu'il ne soit demeuré là, par permission de Dieu, pour occasionner les Iuifs & infidels à se conuertir. De [ce] qu'il est tenu secret, si ainsi est, il ne [s']en faut esmerueiller: Car les Iuifs mesmes se sõt efforcez d'esteindre les

La guide des chemins
miracles du fils de Dieu, defquels ceſtuy cy en eſt vn tres euident: & dient leſdits Infidels, comme deſcrit le ſuſdit Religieux, que c'eſt vn Diable qui eſt audit lieu, & non autre choſe: Tellement que *pie credere non recuſo, quia voluntate diuina id fieri poteſt: temerarie autẽ aſſerere non audeo, quia eos qui viderint nec vidi nec audiui.* S. Cyprian ſer. de lapſis, recite vne belle hiſtoire d'vn heretique, qui print l'hoſtie de ſa bouche, & la porta en ſa maiſon, puis il la ietta ſur ſon fumier. Il aduint que la nuict il ſe releua pour vriner, & ſortant de ſa maiſon, trouua ſur ſon fumier vn grãd rayon de clairté à l'étour de l'hoſtie: puis il vit vn grand homme noir, qui luy donna vn ſouffler: diſant, Toy & moy, nous ſommes condamnez à vne meſme peine. Et l'heretique luy demanda, qui es tu? Il luy reſpondit, Ie ſuis celuy qui donna le ſoufflet à Ieſus-Chriſt. Que ſi ceſte hiſtoire eſt veritable, comme nous la croyons eſtre: l'autre le peut eſtre auſſi. Mais paſſons outre. Et y a en ladite maiſon d'Anne vne Chapelle à coſté ſeneſtre, où y a vn

Oliuier, auquel nostre Seigneur fut lié & fouetté par les gensd'armes, iusques à tant qu'Anne se leua: & le lierent si rudement & estroictement, que son estomach estoit offencé par ledit arbre: lequel s'ouurit à l'instant, craignãt d'offencer le fils de Dieu: Et est encores là gardé par les Chrestiens Grecs en grande reuerence. Et s'entretient dedans le creux dudit arbre vne lampe ardante par les Chrestiens, en memoire dudit miracle. De là, nous sortismes de la ville par la porte dicte, du mont de Sion, & vinsmes en la maison de Caiphe, qui estoit antiquemẽt dans la ville auec le Cenacle, & reste dudit mont de Syõ, où estoit le Palais de Dauid & Salomon: & là y a vne prison à costé dextre de l'autel de l'Eglise, où nostre Seigneur fut enfermé, depuis le soir iusques au matin. La pierre du grand Autel, est la pierre, de laquelle est dict en l'Euangile, *Quis reuoluet nobis lapidem ab ostio monumenti*. Et en ce lieu y a pleniere indulgence. Et de ce lieu là mesme, par dessus les murailles, nous vismes le Cœnacle, au-

La guide des chemins

quel nostre Seigneur, ayant celebré le vieil Pasques, il laua les pieds de ses Disciples : & est là indulgence pleniere: puis il y institua le S. Sacremēt: & est indulgence pleniere: Puis il y fit le beau sermon recité par S. Iean. En ce mesme lieu est la Chapelle en laquelle le S. Esprit descendit sur les Apostres, en langues de feu, & en laquelle Monsieur S. Iean celebroit la Messe deuant la vierge sacree Marie: auquel lieu aussi elle trespassa : & y a indulgence pleniere. D'auantage en ce Cenacle, ainsi appellé, à cause que nostre Seigneur y a souppé, qui estoit vne grande salle, en laquelle nostre Seigneur apparut à ses Apostres apres sa Resurrection, & principalement à S. Thomas: & pour ceste cause y a pleniere indulgence, à la charge susdite. Auquel lieu, sçauoir en la maison de Caiphe, estoit antiquement le Conuent des Cordeliers, qui se dient encores les Cordeliers du mont de Sion, à cause qu'ils y demouroient antiquement. Retournans dudit lieu par vn iardin, par où il nous fallut passer, no̓ vifmes & vifitafmes le lieu, où fut fait le miracle à l'encontre des Iuifs, qui vouloient rauir le corps de la vierge Marie, & empefcher qu'elle ne fut enfepulturee honnorablement en la vallee de Iofaphat. Donc le premier des Iuifs qui mit la main fur le cercueil, fentit incontinent la main de Dieu vengereffe, laquelle auoit ia puny Oza, pour auoir mis la main à l'arche de l'alliance, dont il mourut fur le champ, dequoy Dauid eut vne gráde frayeur: Voicy auffi le Iuif puny pour fa temerité, fon bras demeure attaché à l'arche, qui contenoit non feulement les tables, mais la máne, & la verge d'Aaron: fçauoir le corps de la facree vierge Marie: Ce qui donna telle crainte aux autres Iuifs, que depuis ils n'oferent approcher: & par la reftauration du bras faicte par l'interceffion de la vierge, & le miniftere de S. Pierre, il creuft à la foy, auec plufieurs autres Iuifs de la compagnie: & là eft indulgence de 7. ans, & 7. quarantaines, à la charge fufdite. Et defcendár de là, pres les murailles, nous vifitafmes le lieu

& caverne où S. Pierre se retira & pleura amerement : là aussi est indulgence de 7. ans, & 7. quarantaines. Sortans de là, & allans plus auant, nous vismes le Temple excellent, maintenant detenu par les Turcs, auquel (apres que la sacree vierge Marie fut presentee au Temple de Salomon) elle fut menee, & conduicte. Et estoit ce Temple côme vne Eschole, ou Monastere, où on nourrissoit & enseignoit-on les filles iusques en l'aage de 14. ans. Et ce Téple mesme est enfermé dans la closture où est le Temple de Salomon, & y va-on à couuert de l'vn à l'autre, par le moyen des galleries, qui sont faictes à ceste occasion : Lesquels lieux sont du costé du Soleil leuant, & deuant le mont d'Oliuet, proche des murailles de la ville. De là, nous retournasmes au Monastere de sainct Saluateur : & passasmes-nous par la porte de la ville antique, par laquelle sainct Pierre fut conduict par l'Ange : & est dicte aux actes *porta ferrea quæ vltrò aperta est eis*. Puis nous passasmes par vne Eglise que tiennent les Gots Chrestiens : auquel lieu demeuroit vn Euesque depuis vn an, qui fut ampallé l'an 1588. enuiron Pasques, estant pris pour de l'argent qu'on luy demandoit, & n'en ayant point pour fournir & appaiser la tyrānie du Gouuerneur de la ville, qui se faisoit nōmer, & se nomment ordinairement *Cheintach*, il fut martyrisé : Mais cōme il est certain, que Dieu, iuste Iuge, sçait à téps & heure punir & chastier les meschans selon leurs demerites, permist, qu'ainsi comme le cruel Herode ayant faict trancher la teste à S. Iacques, fut tost apres mangé par les poulx : Aussi si tost que ce *Cheintach*, eut faict ampaller le S. hōme, s'en allant de Hierusalem en Damas, fut pris par les Arabes, qui luy trācherent la teste : luy qui pour argent faict mourir les autres, luy-mesme pour argent est meurtry : Tellement que, *Incidit in foueam quam fecit*. Il a faict la fosse en laquelle il est tombé : & a tendu vn lacs, auquel il est pris luy mesme. Vn peu plus auāt nous vismes la maison de S. Iean l'Euangeliste. De là, nous nous retirasmes au logis.

La guide des chemins
Quatriesme visitation des saincts lieux, &
des Indulgences co[ncedées] aux visi-
tan[s.] CHAP.

LE Mercredy, veille de la feste du
S. Sacrement de [l'a]utel, nous procedasmes à la visitation des autres
lieux ausquels nostre Seigneur a daigné marcher, & demonstrer plusieurs
miracles & mysteres pour nostre redēption. Et premierement nous prismes
le chemin pour aller [à] Betanie, qui est
village loin de Hierusalem enuiron
deux milles. Donc sortāt par la porte
S. Estienne, ainsi dite, pource qu'il fut
ietté par icelle hors de la Cité, nous
vinsmes en descendant en la vallee de
Iosaphat, au lieu mesme ou il fut lapidé, en inuoquant, & priant Dieu pour
ses ennemis : auquel lieu estoit sainct
Paul, qui gardoit les vestemēs de ceux
qui le lapidoient, en leurs donnāt courage. Tellemēt que sainct Augustin dit,
Si Stephanus non orasset, ecclesia Paulum non habuisset, & là y a 7. ans, & 7. quarantaines, disant *pater*, & *Aue maria*. Vn peu
plus bas est le lieu ou il fut enterré par
les hommes craignans Dieu : Puis il fut

porté en Caphargamalan, ou fut son Inuention par apres, auec Nicodeme, s. Gamaliel, & Abibon: & au lieu susdit y à indulgences cōme dessus. Descendans plus bas, nous passasmes par le sepulchre de la Vierge Marie, duquel ie parleray en son lieu. Se veoit aussi le sepulchre d'Absalon, qui faisoit la guerre à son pere. Montāt plus haut, & costoyant le mont d'Oliuet, nous vinsmes en Betanie, là ou premierement nous vismes la maison de Symon le Lepreux, ou la Magdalene vint encores oindre nostre Seigneur auant sa Passion. De là, nous visitasmes le chasteau du Lazare, auquel lieu y à encores de grandes masures, qui donnent à cognoistre, que c'estoit vn lieu fort excellent: Au dessouz duquel est le sepulchre d'iceluy: auquel nostre Seigneur estāt arriué, cria à haute voix, *Lazare veni foras*, & incontinant, luy qui estoit mort de 4. iours, sortit du sepulchre. Ledit sepulchre est bié creux, dans le roch.: Il y a vne petite chapelle deuār, & dedās, vne table, sur laquelle on celebre la Messe: & là y a indulgēce

pleniere, en disant trois fois *Pater*, & *Aue maria*: Et en sa maison, & en celle de Symon, indulgence de sept ans, & sept quarantaines, disant vn *Pater*, & vn *Aue maria*. Plus auât, nous vismes la maison de la Magdalene, & n'y à plus que les fondements: & y à pleniere indulgéce, aux charges cóme dessus. Retournant a gauche est la maison de saincte Marthe sa sœur, là ou nostre Seigneur se retiroit ordinairement: & venât au chemin, nous vismes la pierre sur laquelle il se reposa, estant fatigué du chemin. Puis môtant a l'entour du mont d'Oliuet, nous vinsmes en Berphagé, de là ou nostre Seigneur enuoya deux de ses Disciples en la Cité, leur disant, *Ite in castellum*, allez au chasteau proche de vous, & là trouuerez vne Asnesse liee auec son poulain, desliez-les, & me les amenez, Ce qu'ils firent. De là, nous montasmes au mont d'Oliuet, ainsi nómé à raison des Oliuiers qui y sont au sommet: Duquel mont nostre Seigneur parlât à ses Apostres du Royaume de Dieu, il fut esleué au Ciel par sa propre vertu, & sont
demeurez

demeurez là iusques auiourdhuy les vestiges & les marques de ses pieds: ce que nous vismes par la bonté diuine, & nous mismes-nous en grand danger pour les veoir: Car les Turcs tiennét le lieu, & y ont faict vne Mosquee, & n'est loisible aux Chrestiens d'y entrer, sinon bien secrettement. Le moyé comme nous y entrasmes fut, qu'on promit beaucoup d'argent à quelques Turcs qui estoient là presens, & quand nous fusmes pres d'y entrer, il noº fallut retirer, à cause des Turquesques qui y estoiét, baisant le vestige du pied du fils de Dieu: Ie parle icy au singulier: car il n'y a plus que le vestige du pied droit, & l'autre est à Rome. Certe on voit de iour en iour ceste Prophetie de Dauid s'accomplir, sçauoir, *Venient ad te qui detrahebant tibi, & adorabant vestigia pedum tuorum.* Ceux qui se mocquoient de toy, viendrōt à toy, & adoreront les vestiges de tes pieds, comme font auiourdhuy les François, Anglois, & autres: lesquels quand ils estoient Payens, & qu'on leurs parloit de Iesus-Christ, ils s'en mocquoient,

F

comme tesmoigne S. Paul, disant, Nous preschons Iesus-Christ crucifié, qui est scandal aux Iuifs, & mocquerie aux Gentils: comme il est manifeste par toutes les histoires des Apostres & saincts Martyrs, lesquels estoiét mocquez, battus, & tuez, pour prescher Iesus-Christ: Tellement qu'enfin ils ont receuz la foy & la creance en Iesus Christ, & viennent encores auiourd'huy auec Dauid *adorare in loco vbi steterunt pedes eius.* D'auantage, elle s'accomplit encores auec les Turcs: car ils se mocquent quand on leur parle de Iesus-Christ crucifié: quant au reste, ils croient que c'estoit vn grand Prophete, & grand personnage: Neantmoins telle derision, ils adorent le vestige de son pied, lequel est si beau, & si bien faict, q̃ c'est merueille de veoir, tant la plante, le talon, & les doigts sont si bien poliz. Dequoy ne faut s'esmerueiller: Car celuy qui a basty le monde, & cheminé sur la mer à pied sec, pouuoit laisser les vestiges de ses pieds sur vne pierre dure. Dequoy il ne faut doubter aucunement, ny dire, que cela a esté faict par aucun homme, ce seroit faire deshonneur au fils de Dieu, qui a donné telle vertu à S. Remy, Archeuesque de Reims, qu'allant à S. Nicaise en oraison, il laissa la pláte de ses pieds marquee dans le paué, cõme encore l'vne se void à sainct Pierre le vieil. Et en ce lieu susdit y a indulgence pleniere, en disant 3. *Pater*, & 3. *Aue Maria*. De là, nous allasmes vn peu plus loing au long de la montaigne, & vinsmes-nous au lieu, là où l'Ange s'apparut à la vierge sacree Marie, luy donnant la Palme, l'inuitant aux nopces celestes, par l'annonciatiõ de sõ trespas: & là y a 7. ans, & 7. quarantaines, disant *Pater*, & *Aue Maria*. Vn peu plus auant est vne maison, où y auoit vne Eglise au temps passé, où les Apostres regardans au Ciel, veirẽt les Anges vestus de blanc, disans, *Viri Galilei, &c.* Hommes Galileens, que vous esmerueillez-vous, en regardant au Ciel: Ce Iesus qui est esleué du milieu de vous au Ciel, il viendra ainsi lors qu'il viendra iuger le monde. Et là est indulgence comme dessus. Du haut de ce mont nous vismes Sodome & Gomorrhe, le fleuue du Iourdain, qui sont enuiron à 7. lieuës loing. A costé dextre du mont d'Oliuet estoit anciennement vn Monastere de filles, dediées à Dieu, qui auoit esté basty par saincte Pelagie, qui fit sa penitence en ce lieu là, maintenant occupé par les Turcs: & y a 7. ans, & 7. quarantaines. En descendant plus bas, du costé de la ville, est le lieu, où nostre Seigneur predit le Iugement, disant, *Erunt signa in Sole & Luna*. Tout pres, à costé dextre, est le lieu, où les Apostres ont cóposé & dicté le *Credo*: & vn peu plus bas est le lieu, où il enseigna à prier, disant, Quand vous pritez, dictes *Pater noster*. Et descendant plus bas, est le lieu, où nostre Seigneur pleura sur la ville, disant: *Hierusalem quia si cognouisses & tu*. Par apres estant descendu en la vallee de Iosaphat, pres le iardin de Gethsemani, nous auõs veu le lieu, où estoit la vierge Marie, qui voyoit lapider S. Estienne: Puis dans le iardin, nº vismes le lieu, où dormoient les Apostres sur des grosses pierres: ausquels noſtre Seigneur dict, Veillez, & priez, afin que n'entriez en tentation. De là, nous vinſmes en la cauerne, où il alloit prier, & où il pria par 3. fois: & là eſt pleniere indulgence. Puis nous vinſmes au lieu, où Iudas le vint baiſer, diſant, *Aue Raby*: & y a pleniere indulgéce. Puis nous deſcédiſmes au ſepulchre de la ſacree vierge Marie. Mais quelle loüäge en pourray-je dire? ſinõ q̃ telle Dame eſtoit digne d'vn ſi beau ſepulchre, qu'elle meritoit d'auoir vne honorable ſepulture. Non pas toutesfois qu'elle fuſt ſuperbe, ou qu'elle appetaſt l'honneur: mais retenant ce que dit l'Eſcriture, *Quanto magnus, te in omnibus humilia*, d'autant que tu es grãd, humilie-toy dauantage. Ainſi la bonne Dame, encore qu'elle ſe cognuſt eſtre la mere de Dieu, elle n'a pas choiſi ſa ſepulture au mont de Caluaire, ny au mont d'Oliuet, auſquels elle ſçauoit ſon fils eſtre reſuſcité, & mõté au Ciel: mais fuyant, & reiettant la gloire mõdaine, elle a choiſi ſa ſepulture au millieu, & au bas de la vallee de Ioſaphat, entre la Reſurrection, & l'Aſcenſion:

F iij

Elle a choisy sa sepulture plus basse que celle de Ioachin son pere, plus basse q̃ celle de saincte Anne sa mere, qui sont en la descente de l'Eglise, a costé dextre: Elle a choisy sa sepulture plus basse que celle de S. Ioseph son mary, laquelle est a costé senestre de la descẽte. Et pourquoy cela? sinon pour honorer son pere & sa mere, pour s'humilier encore apres sa mort deuant eux, pour respecter son espoux S. Ioseph: Et aussi afin, que celle qui en son viuant a esté la perle d'humilité, apres sa mort aussi par la mesme humilité, elle fust exaltee: comme elle mesme le dit en son Cantique, *Deposuit potentes de sede, & exaltauit humiles.* Ainsi elle qui a esté la creature la plus humble qui fut, ne qui sera iamais: elle est exaltee plus q̃ ne fut, ne sera iamais aucune creature. Son sepulchre donc est bas, en vne Eglise, où il faut descẽdre 50. marches. Et au milieu de l'Eglise est son sepulchre honnorable, dans vne grotte, où il y a iour & nuict huict lampes ardãtes, pour hõnorer le S. lieu. Toutes les nations Chrestiennes ont leur Autel

en ladite Eglise, où par divers iours
ils celebrent en l'honneur de la saincte
Dame. Les Latins obseruantins seuls
ont la garde dudit Sepulchre: auquel
encores iusques auiourd'huy y a vne
odeur, qui resent encores sa Cour celeste, quád elle vint trois iours apres à la
sepulture prédre & enleuer ceste belle arche, le corps de la sacree vierge
Marie, pour le porter là haut au Ciel:
pour ce que, comme dict S. Augustin,
vn si precieux thresor est plus digne
d'estre gardé au Ciel, qu'en la terre.
Icy ie ne puis obmettre ce que dit ce
grand docteur S Iean Damascene, parlant audit Sepulchre, y voyant les miracles de son temps y estre frequents
à merueille: duquel les propos sont
tels, *Tu verò o sacrorum sepulchrorum sa-
cratissimum post Domini quidem sepulchrũ,
&c.* Mais toy, ô tres-sacré sepulchre
des sepulchres sacrez, apres celuy de
nostre Seigneur: lequel a donné la vie,
lequel a esté la fontaine de la Resurre-
ctió, respóds moy: car ie parleray à toy
maintenãt, cóme si tu estois animé: où
est cest or pur, q̃ les mains des Apostres:

F iiij

ont mis & colloquez en toy? où sõt les richesses qui ne se peuuét cõsommer? où est l'abysme de grace? où est la mer des curations? où est le corps tant desiré de la sacree vierge Marie? Puis apres poursuiuãt son propos, il respõd pour le sepulchre, disant: *Quid quæritis in sepulchro, eam quæ ad cœlestia translata est tabernacula? &c.* Pourquoy la cherchez-voꝰ au sepulchre, celle qui a esté transportee aux tabernacles celestes? Pourquoy demandez-vous à moy raison de la garde? Quant à moy, ie ne puis pas resister aux diuins mandemés. Le tres-sacré corps m'a donné & departy de sa saincteté, pource qu'il m'a remply d'odeur & fragrance d'vn onguent tres-precieux: & m'a faict vn temple diuin, m'ayant delaissé ses linceux, & saincts suaires. Il s'en est allé, rauy en haut, les Anges luy faisant cõpagnie: les Archanges, & toutes les puissances celestes le suiuans en honneur: maintenant les Anges m'enuirõnent: maintenant la grace diuine habite en moy, pour auoir esté le sepulchre d'vne si saincte Dame. Ie suis

pour le voyage de Hieruſ. 65

deuenu la boutique & Apoticairerie de medecine aux malades. Ie ſuis la fontaine perpetuelle des curations. Ie ſuis le remede à l'encontre des Demós. Ie ſuis la cité de refuge, à tous ceux qui ſe rendent à moy. Voilà comme ce S. perſonnage parle de ce S. lieu. Dóc en memoire de telle ſainctete, ſe recómandant à ceſte ſaincte Dame, en memoire qu'elle a eſté eſleuee de ce lieu au Ciel, il y faut chanter *O glorioſa Domina excelſa ſupra ſydera*, &c. car là ſe gaigne indulgence pleniere, à la charge ſuſdite. Duquel lieu nº reuinſmes au Conuent. En venant, nous viſmes vn homme cicatricé & playé, qui commença à crier apres nous, & l'appellét vn Santon, c'eſt vn homme qu'ils appellent ſainct, ſçauoir les Turcs. Et ſe cicatriſent leſdits Santons, & courrent par les chemins auec grands cheueux, teſte nuë, & pieds auſſi: leſquels prennent femmes iuſques à nonante neuf, & puis apres vne cánelle, qui fait cent: puis ils le meinét par la ville auec gráde exultation, eſtant monté ſur ladite cannelle, ou chameau: & ainſi ils cano-

F v

La guide des chemins
nisent telle maniere de gens, estimans qu'apres cela, ils sont saincts. Et nous dirent les Religieux de Hierusalem, que depuis vn an il y en auoit eu vn canonisé de telle façon.

La cinquiesme visitation des saincts lieux, & des indulgences concedees à ceux qui les visitent. CHAP. 22.

LE Mercredy veille de la feste Dieu, enuiron trois heures apres midy, nous nous presentasmes, pour entrer au Sainct sepulchre, ayant auant contribuez neuf ducats en pleine auditoire, proche de la porte où S. Pierre & S. Iean guerirent le Paralytique, appellee la porte specieuse: adorans & reuerens à la porte, la pierre de marbre, sur laquelle nostre Seigneur fut oingt, laquelle se voit par la porte qui est percee. Cependant que nous attendions les seruiteurs du Diable, sçauoir les infidels qui portent les clefs du S. sepulchre, on nous conduit en vn certain lieu des abyssins, là où on nous monstra vne Chapelle pres du mont de Caluaire, où le Patriarche Abrahá immola son fils Isaac: Et là mesme on dict que Melchisedech Roy de Salem auoit coustume d'offrir pain & vin à Dieu le Createur: car il estoit Prestre du grand Dieu. La porte donc estant ouuerte, nous entrasmes en l'Eglise du S. Sepulchre, & du mont de Caluaire: Helas! quelle douleur, quel creue-cœur, peut auoir le vray Chrestien, de veoir la grande maison du fils de Dieu estre en la garde de l'infidel! Quelle passion peut auoir le vray Fraçois, de veoir le Sepulchre de Iesus Christ, auquel au temps passé il auoit entree à toute heure, estre maintenant cōculqué par les Turcs? Et l'entree luy en estre refusee, principalement à luy qui bailloit l'entree aux autres! Cela certainement nous doit exciter, principalement nous Gaulois, à prier Dieu qu'il donne la volonté à nostre Roy, & aux Princes Chrestiés, d'ensuiure les traces de leurs ancestres: lesquels par tant de fois se sentoient grandement offencez & molestez, quand la saincte cité, & les saincts lieux estoiét entre les mains des infidels. Les Roys de

France par plusieurs fois les ont conseruez, & deliurez de la main des Sarrazins, tesmoin le bon Roy S. Loys: lequel ayma mieux demeurer en Hierusalem, où il y a affluence de deuotion & saincteté, que demeurer à Paris, où est abondance de volupté. Mais que luy en est-il aduenu, sinon que de Hierusalé terrestre, il a esté transporté en Hierusalem cœleste? Que pourroy-ie dire des autres, comme du bon Roy Godeffroy de Billon, & du Roy Baudouyn? lesquels ont tant aymez & venerez les saincts lieux en leur vie, qu'apres leur mort ils n'en ont voulu estre separez. Ainsi comme vrays conseruateurs d'iceux, se sont faicts inhumer aupres d'iceux. Ce que ie dy se veoit à veuë d'œil: car les sepulchres desdits Roys sont entre le mont de Caluaire & le sainct sepulchre de nostre Seigneur. Prions donc Dieu, mes freres, qu'il nous suscite des S. Loys, qui n'ayent point d'alliance auec les infidels, & qu'ils ne seruent point à deux maistres: prions-luy, qu'il regarde en pitié sa ville de Hierusalem: disons luy auec Dauid, *Deus venerunt gentes.* Seigneur Dieu, les Gentils sont venuz en voſtre heritage, ils ont polluez voſtre Temple de voſtre ville de Hieruſalem: ils en ont faict vn grenier aux pommes: iuſques à quand, Seignr, les pecheurs & infidels nous feront-ils la nicque, triomphans de nous? Helas! Seigneur, regardez du Ciel, & viſitez ceſte vigne: ſuſcitez-nous des Machabees, des Iudas, des Buillons, & des Princes, qui nous donnent facile entree à voſtre ſanctuaire: afin q̃ là nous vous rendions les vœux, que nous voꝰ auons promis: Afin auſſi que voꝰ ſoyez loüé auec voſtre Maieſté. Ainſi ſoit-il. Eſtans donc entrez en ladite Egliſe, nous auons veu & viſité les ſaincts lieux: Et premierement le Sepulchre glorieux de noſtre Sauueur Ieſꝰ chriſt, lequel eſt le baſtiment le plus grand, le plus excellent, & renommé, pour ſa petiteſſe, que iamais n'a eſte de plus grãd, ne plus beau baſtiment au monde. Cedent donc les ſepulchres des Monarques, & des Roys, qui ſont aornez d'or & pierreries, à celuy du fils de Dieu,

La guide des chemins

Cedent les Pyramides d'Egypte à ce beau tombeau: Car les sepulchres des Roys, & telles Pyramides peuuét estre rompus & violez: cestuy-cy est, & sera inuiolable & glorieux. Mais on pourra demãder en quoy est-il si grãd? en ce qu'il est par tout le monde. Les Royaumes se tiennent heureux d'en auoir vne petite parcelle, pour luy edifier vne grande Eglise. En quoy est il si excellent? En ce que le fils de Dieu y a reposé. La Royne de Saba est venuë en Hierusalem, pour veoir Salomon en son Throsne: Les Chrestiens se sentent bien heureux de venir en ce mesme lieu, pour voir où le vray Salomõ, sçauoir Iesus-Christ, a reposé. en quoy est il si renommé? En ce que par tout le monde il n'y a si petit Chrestien, qui ne desire luy faire honneur & reueréce. Ie ne puis obmettre en passant, ce que dict le bon S. Bernard, en l'exhortation qu'il faict *ad milites Templi: Inter sancta, ac desiderabilia loca, sepulchrũ tenet quoque principatum, & deuotionis plus nescio quid sentitur vbi mortuum requieuit, quà vbi viuens conuersatus est.* Entre les lieux

saincts & desiderables le S. Sepulchre
tiér la principauté: & s'y trouue ie ne
sçay quoy plus de deuotion là où le
mort a reposé, que là où luy viuant a
reposé. Et puis il dict, O que c'est vne
chose douce aux peregrins, apres tant
de fatigues de chemin, tant de perils
en la terre, & en la mer, apres tant de
dangers de larrons, se reposer en fin là
où on cognoit son Maistre & Sauueur
auoir reposé. Et ne faut pas penser que
ce S. Sepulchre se soit acquis ce renõ
par cas subit, ou comme par vne lubri-
que faueur ou opinion populaire: veu
que dés si long temps Esaye le Prophete l'a predit si apertement, chap. XI. *Et
erit in illa die (inquit) radix Iesse qui stat in
signum populorum, ipsum gētes deprecabun-
tur. Et erit sepulchrum eius gloriosum.* En
verité chose nouuelle au regardant,
mais chose antique au lisant. Et nous
cognoissons ceste prophetie estre, &
s'accomplir de iour en iour, sçauoir,
que le sepulchre du Seigneur sera glorieux: comme il est maintenant plus
que iamais, encores qu'il soit entre les
mains des infidels. Ce qui est vn grãd

La guide des chemins

miracle digne d'admiration, de veoir les ennemis de nostre foy auoir le S. Sepulchre entre leurs mains, & le conseruer & garder de telle sorte, qu'il n'est permis aux Turcs d'approcher seulement de la place, & d'entrer au paruis, qui est deuãt le portail, sur peine d'estre ampallé: Ce qui nous doit inciter à loüer Dieu. Combien de reuerences & thurificatiõs reçoit-il iour & nuict? tant que c'est chose de grand' deuotion à le veoir. Toutes les natiõs du monde luy font honneur: les natiõs loingtaines se sentent heureuses d'auoir vne petite Chapelle à l'entour d'iceluy, pour l'honnorer iournellement. Ce qu'on voit à veuë d'œil, cõme nous dirons cy apres. Mais retournons à nostre propos. Apres le S. Sepulchre, nous visitasmes le mont de Caluaire, là où il y a deux Chapelles qui sont à costé dextre à la croisee de l'Eglise. En la premiere est le trou, où la Croix de Iesus-Christ fut fichee: & à costé gauche de nostre Seigneur est la roche rompuë Et y a grande ouuerture entre Iesus-Christ & le mauuais riche larron, qui fut reietté par le tremblement de la terre arriere de Iesus Chrift: où faut remarquer que ladite terre & roche fe fendant, a reietté le mauuais larrō arriere de Iesus-Chrift, fe fentant offencé de la calomnie qu'il donnoit à fon maiftre. En l'autre Chapelle eft le lieu de la crucifixiō, fçauoir où noftre Seigneur fut attaché & eftédu en la Croix. Le 3. lieu qu'auons vifité c'eft la pierre de l'onction, où le corps de Iesus-Chrift fut ambaufmé de myrre, & d'aloës: & en ces 4. lieux font indulgences pleniffimes. Puis apres nous vifitafmes le lieu où fut trouuee la Croix, auquel lieu on defcend par vn efcallier de 40. degrez de marbre: Et proche de là, eft la Chapelle de S. Helene: & en ces deux lieux y a pleniere indulgence. Apres nous vifitafmes la Chapelle de la facree vierge Marie, là où noftre Seigneur s'apparut à elle apres fa Refurrection: auquel lieu auffi fut faict le miracle de la Croix, adhibee fur la femme languiffante. Et en cefte mefme Chapelle y a vn Autel, au cofté dextre duquel on voit vne partie de la colomne à laquelle noſtre Seigneur fut flagellé : & en ces deux lieux eſt encore pleniere indulgence. A ladite Chapelle, qui n'eſt du corps de la grande Egliſe, les Religieux font ordinairemēt leur ſeruice. Entre laquelle, & le S. Sepulchre, eſt le lieu, où noſtre Seigneur s'apparut à la Magdelene: en remontant à coſté ſeneſtre du Chœur de l'Egliſe (car le S. Sepulchre eſt au milieu de la nef, qui eſt ronde, enuironnee de Chapelles à l'entour) nous auons viſité la priſon, en laquelle noſtre Seigñr fut ietté, pendant qu'on preparoit les choſes neceſſaires pour la crucifixiō, lié pieds & mains, lieu qui eſtoit plein de fange & mortier: & fut là accomply la prophetie de Dauid, Pſal. 68. *Infixus ſum in limo profundi, & non eſt ſubſtantia.* Puis nous vinſmes en la Chapelle, où ſes veſtemens furent diuiſez. Et retournans à coſté dextre, tout pres eſt vne Chapelle, où on garde vne partie de la colōne qui eſtoit au milieu du fouyer ou maiſon du Pretoire de Pilate : ſur laquelle noſtre Seigneur fut coronné d'espines, & mocqué : à cause dequoy est elle appellee *columna improperij* : ausquels lieux y a 7. ans, & 7. quarantaines comme dessus.

Des nations demeurantes ordinairement dedans l'Eglise du S. Sepulchre.
CHAP. 23.

DEdans l'Eglise du S. Sepulchre ordinairement y sont 7. nations demeurantes, lesquelles iour & nuict y loüent Dieu à leur maniere & façõ. La premiere est la nation de l'Eglise Romaine, laquelle entretient là dedãs des Religieux de l'ordre de S. François, lesquels seuls tiennent & possedent, & ont la charge du S. Sepulchre, y celebrans tous les iours : auquel aussi, moy indigne, ay celebré le iour de la feste du S. Sacrement de l'Autel : & ont aussi la Chapelle de la crucifixion, appellee la Chapelle des Frãçois : mais les Italiens & François y celebrent ensemblément : Laquelle Chapelle est tres-belle, & tres-excellente, & y a du paué de fin or, & de beau marbre : les murailles sont azurées : & y a ordinairement plusieurs lampes ardátes: Dans le S. Sepulchre y en a 43. à la Chapelle de l'Ange, ainsi dicte, à cause q̃ l'Ange s'assit sur la pierre qui y est deuant l'entree du S. Sepulchre, y en a 15. & à celle des François 21. à celle de l'onction, sept: Lesquelles bruslent iour & nuict, & sont entretenues par l'Eglise Romaine. Ils ont aussi la pierre de l'ōction, & la plus grande partie de l'inuention S. Croix, auec l'apparition de nostre Seigneur à la Magdelene, & à la sacree vierge Marie: en laquelle ils psalmodient, pour ce que le lieu est commode, & y celebrét iournellemét: & ont aussi par consequent la colomne de la flagellation, qui est en la messme Chapelle, & vne parcelle de la vraye Croix à costé senestre. No⁹ estás entrez dedans, nous fusmes conduicts par tous les lieux susdicts par les Religieux, auec la chandelle ardante en main, de lieu en lieu, en procession: nous declarans les indulgences qu'on y gaigne, & les mysteres qui y ont esté celebrez. Le Ieudy aussi feste du sainct Sacrement, nous feismes la processiō (j'entend quant à la nation de l'Eglise Romaine, François & Italiens) & y assistasmes en habits Sacerdotaux: & fut celebree la grande Messe en la Chapelle des François. Les Grecs, & autres nations firent grand honneur à la procession, portans tapis par où elle passoit, & les mettans par les chemins. La seconde nation est des Grecs, lesquels ont seulement le grand Autel, & le grand Chœur de l'Eglise: & là le Patriarche de Hierusalem celebre ses offices. La troisiesme nation est des Gorgiés, dicts en latin, *Gorgiorū vel Iberorum, qui vtuntur ritu Græco, licet diuersa sit lingua & natio.* Ceux-cy possedent la saincte Chapelle du mont de Caluaire, & dessouz icelle ils ont leur maison & habitation. La 4. est des Armeniens, qui tiennent la Chapelle de S. Helene, & celle de la diuisió des vestemens, auec vne place, où la vierge Marie estoit debout durant la passion. La 5. est des Syriens, ou Suriens, comme ils dient, qui ont vne Chapelle apres le S. sepulchre, en laquelle i'ay veu vn monumét, qu'ils dient estre de Ioseph d'Abatimathie, & d'autres Sainctz, lequel, pour l'honneur de nostre Seignr, n'osa se faire ensepuelir au sepulchre où nostre Seigneur auoit esté mis: ains au mesme iardin il en tailla vn autre, où il fut ensepulturé, & plusieurs autres. La 6. est des Cophts, en latin *Cophtorum circuncisorum*, qui auec le Baptesme se font circoncir: & sont Chrestiens d'Egypte, & des regiõs adiacentes. La 7. est des Abachyns, qui sont Ethyopiens, & ont aussi vne Chapelle à costé dextre du S. Sepulchre, où ils celebrent leurs offices, & quand ils font la consecration, ils sonnent du tabourin & de la fluste. Les Gorgiens aussi tiennent la prison susdite: & les Grecs aussi, ont vne partie de l'inuention saincte Croix. Voyla ce que i'ay peu remarquer dans l'Eglise du sainct Sepulchre: plusieurs autres y pourroit on remarquer, mais choses qui ne sont pas de grande consequence, comme la maniere de celebrer des vns & des autres: ce que i'ay delaissé à vn autre. Et apres la Messe & procession, nous retournasmes au Conuent de sainct

Saluateur: car on n'y laisse les pelerins dauantage, s'ils ne veulent reiterer le tribut.

La visitation qu'auons faict en la vallee d'Acheldemach, Syloé, & autres lieux. CHAP. 24.

LE iour mesme du S. Sacrement, apres midy, nous vinsmes descedre en la vallee d'Acheldemach, qui est au dessouz du mōt de Syon, ou nous vismes premierement le champ d'Acheldemach, du nom duquel la vallee est denommee, qui vaut autant à dire, cōme prix de sang. C'est le cháp que les Iuifs acheterent de l'argent que leur rendit Iudas, disant, *Peccaui tradens sanguinem iustum.* Eux prenant l'argent, dirent, qu'il n'estoit loisible de le mettre au trōc, mais qu'il seruiroit pour achepter vn champ pour enseuelir les peregrins, qui mourroient, venant adorer au Temple, comme ils y venoient tous les ans. Ce champ est cōme vne quarriere, fermé de la roche d'vn costé, & d'autre, sçauoir, du costé de la ville, il est fermé d'vne forte muraille, couuert

par dessus: à laquelle couuerture sont des fenestres par lesquelles on descent les morts: Dans lequel nous y en vismes plusieurs tous enseuelis, arrangez pres l'vn de l'autre, sans estre couuerts de terre, ny d'autre chose: & la pluspart des peregrins mourans en Hierusalem, s'y font ensepuelir. Vn peu plus loing est vne cauerne ou les Apostres s'enfuyrent, & cacherent. De là, nous descendismes au fonds de la vallee, pour aller à la fontaine de Syloé: & au millieu du chemin, no' vismes le lieu ou fut syé le Prophete Esaye, au pied d'vn Oliuier. Vn peu plus auant est ladite fontaine, à laquelle nostre Seigneur enuoya l'aueugle né, apres luy auoir mis de la boüe sur les yeux, & fut guery: Ceste fontaine est dans vn rocher. Remōtant plus haut, vers la vallee de Iosaphat, nous vismes la fontaine ou la Vierge Marie lauoit les drapelets de nostre Seigneur, & y faut descendre comme dans vne caue, car elle est dedans la roche. Mōtant plus haut, par ladite vallee, nous vismes le lieu ou S. Iaques le maieur se tint depuis
que

que nostre Seigneur fut pris, iusques à ce qu'il fut resuscité. Puis en haut, du costé du mont d'Oliuet, est le lieu ou Iudas se pëdit par desespoir. Plus haut, est vn petit pont, par dessouz lequel passe le torrét de Cedron, ainsi appelé, non comme aucuns dient, à cause des Cedres qui y sont plantez à l'entour, & pres d'iceluy: mais à cause de l'eaüe qui y est noire, & n'y à point de Cedres, car *cedron*, c'est à dire noir. Deuát lequel pont, est vne pierre, sur laquelle sont les vestiges des pieds de nostre Sauueur, là ou il fut precipité par les Iuifs, & plongé dans l'eauë, qui passe par dessus la pierre, quand il y en à. Ie croy que là fut accomply la Prophetie de Dauid, Ps. 109. *De torrente in via bibit*, il a beu du torrét en son chemin. Du costé mesme, en haut, sont les murailles de la ville: car la vallee de Iosaphat luy sert de fosséz. Du costé d'oriét est la porte doree, par laquelle nostre Seigneur fit son entree triomphánte en Hierusalem, ou il fut receu magnifiquement par les petits enfans. Ceste porte menoit droit au Temple, mais

G

maintenant elle est murée, & y à pleniere indulgéce. A l'entour d'icelle, & à l'entour des murailles, sont les sepulchres des Turcs: & de là, nous retournasmes à la ville par la porte S. Estienne. Deuant la porte y a vn cymetiere, là ou il y auoit des femmes qui banquetoient sur les tombeaux, pour les causes cy deuant desduites.

De Bethleem, & lieux prochains, & de leurs indulgences. CHAP. 25.

LE Védredy premier iour des octaues de la feste Dieu, nous prismes le chemin des Pasteurs, sçauoir droit en Bethleé, maison de pain, où le verbe diuin a esté faict chair & pain vif, pour là adorer le vray pain auec les Anges, & en estre refectionnez, & rassasiez: & allant, nous passasmes par dessus vne chaussee, au milieu de laquelle est vne fontaine, qu'ō dict estre celle-là, où Bersabee femme d'Vrie se baignoit toute nuë, selon ce qu'en dict S. Augustin *serm.* 250. 2. *Regum cap.* 11. & Dauid estant aux fenestres de son Palais, qui estoit à l'opposite sur le bout du mont de Sion, la vit ainsi nuë, qui fut cause du mal qui en aduint. Ayans passé ceste chaussée, nous vinsmes aux champs, là où nous vismes la maison du bon S. Symeon, à costé dextre: en laquelle on celebre encores la Messe quelques iours de l'annee. Se voiét les vignes du terroir de la ville, abondantes en raisins grands & gros à merueille. En cheminant plus auant, nous trouuasmes vn puits, qu'on dict estre la marque du lieu auquel l'estoille s'apparut de rechef aux trois Roys, & les conduict iusques en Bethleem, au *Præsepium*, sur lequel elle s'arresta. D'autre costé, au milieu des châps, est vne arche, là où on tient que l'Ange print le Prophete Abacuc, & le porta en Babylone, pour donner à boire & manger au Prophete Daniel, qui estoit en la fosse des Lyons. Plus loing, & au mesme chemin, quasi au milieu de Hierusalem & Bethleem, est vn mont, nommé le mont d'Elie, pres duquel est vn petit castel ou maison, qu'on appelle encores auiourdhuy la maison d'Elie, deuant laquelle au chemin y a

G ij

vne fontaine: & sur vne grosse pierre d'aupres est la figure dudit Prophete engrauee, & ce par la vertu dudit S. personnage qui dormoit dessus. Plus auant y a vn champ là où on recueille des pois, dicts *Pisa* en latin, qui sont de pierres, qui naissent & germent en ce champ par vertu diuine: pource que lors que la vierge sacree s'en alloit de Bethleem en Hierusalem, là elle rencôtra vn homme qui semoit des pois, elle luy demanda ce qu'il semoit, luy respondit en derision, qu'il semoit des pierres, & pour ceste irrision faicte à la vierge sacree, il aduint que ses pois se conuertirent en pierres, comme nous les auons veu & colligez audit cháp. Vn peu plus auant est le sepulchre de Rachel, auquel les Iuifs tiennent leur Synagogue: Car en Hierusalem plus ne l'oseroient tenir, sur peine d'estre ampallez. Et plus auant est vne petite bourgade nommee Bethleem, qu'on laisse à main dextre, là ou on dit que les infidels ne peuuent habiter: pour ce qu'ils y enflent, & deuiennent gros cóme tonneaux, & creuent. De là, on viét en Bethleem, qui est vn village maintenant assez mal en ordre, & sur le Leuant, est vn Monastere, qui estoit anciennement tres-excellent, mais pour le present, il est ruiné en partie. C'est chose lamentable, de veoir vne Eglise si excellente, soustenue de 50. colônes de marbre, beau, couuerte de bois de cedre, & de plomb, aornee de figures par dedans, faictes en pierreries, azurez, à ouurage de rencontre, seruit maintenant d'estable aux asnes & bestes immundes, de cauerne aux larrôs, & receptacles aux ordures & immûdices. Ie ne croy point, qu'il y eust cœur catholique, qui voyant telle chose, ne se print a plorer & lamenter. Certainement ie croy, que si les Roys deuots & catholiques auoient veu telle iniure faicte à la maison de Dieu, ils seroient incitez a venger telle iniure faicte au lieu de sa natiuité. Nous donc, auát qu'entrer là dedans, il fallut payer le tribut à la porte aux infidels: Et estás entrez, nous allasmes au *Præsepium*, le lieu ou nostre Seigneur fut nay, auquel lieu, moy indigne, ie celebray la Messe.

G iij

Ledit *Præsepium* est dedans terre, entaillé dans la roche, auquel on entre par 3. entrees : par deux huits qui sont à costé dextre & senestre, & par vne autre grande allee. A costé droict, où est l'Autel, est le lieu où il fut nay : & y a dessoubs l'Autel faict en table de pierre, vn petit marbre noir, tout rõd, dessoubs lequel est la figure de la face de nostre Seigneur Iesus : lequel entrãt en ce monde baisa la terre, & demeura là la figure de sa face : & là mesme fut faict ce q̃ chante encores l'Eglise pour le iourd'huy, *Virgo post partum, quem genuit adorauit*. Vn peu plus bas est la cresche, où le bœuf & l'asne estoient : là où nostre Seigneur fut posé par la sacree vierge Marie. Au mesme lieu les trois Roys le sont venu adorer, & les Pasteurs recognoistre : les Anges y ont chantez loüanges à Dieu : & y a indulgéce plenissime à ceux qui y viendrõt auec les Pasteurs, sçauoir auec gayeté de cœur, & auec les Roys, pour y adorer le fils de Dieu, & luy faire ses presens selon son pouuoir, de cœur & d'ame. Le lieu est aorné dedans de beau marbre blanc, & figuré de pierrerie, & azuré. La grande Eglise est bastie sur ledit lieu, & principalement le grand Autel est directemét sur le lieu, où nostre Seigneur fut nay, où les Grecs celebrent ordinairement, & ont habitation audit lieu. A costé de la grande Eglise à la croisee du midy est vn Autel, là où nostre Seigneur fut circoncis: & là y a pleniere indulgence. A costé senestre, & à l'autre croisee est vn Autel des 3. Roys, là où ils descendirent de cheual pour venir adorer nostre Seigneur: & là aussi y a indulgence pleniere. En descendant audit *Præsepium* par l'entree de bas, se veoit soubs terre le sepulchre de S. Hierosme, à costé dextre, & celuy de saincte Paule en vne grotte. De l'autre costé est vne autre grotte ou chambre dans la terre, en laquelle S. Hierosme translata le vieil testament d'Hebreu, & le nouueau de Grec en latin, par le commandement du Pape Damasus. Vn peu plus auant est le sepulchre, où les Innocens furent assemblez & inhumez, auec le sepulchre de S. Eusebe. Dans le *Præsepium*

G iiij

La guide des chemins
sont ordinairement pluſieurs lampes ardantes, pour la reuerence du ſainct lieu. En la nef de la grande Egliſe on nous monſtra vne des colomnes ſuſdites, que les Turcs ont commencé à rompre, & la vouloient porter au Temple en Hieruſalem, & comme ils commencerent à frapper deſſus la colomne, s'apparut vn grand Dragon, qui les contraignit tous de s'enfuir, & les terrifia de telle ſorte, que depuis ils n'y ont oſé toucher, & demeurent là encores toutes entieres: excepté celle-là, où ils auoient commencé. Il y a là ordinairemét cinq ou ſix Religieux de l'ordre de S. François, qui ont la garde dudit ſainct lieu: & ordinairement font le ſeruice en la Chapelle ſaincte Catherine: là où il y a indulgence pleniere, & là auſſi peut eſtre abregé, & accomply le voyage du mót Synay, en diſant *Pater*, *& Aue Maria*. La Chambre S. Hieroſme, qui eſt hors de terre, & au dortoir, ſert ordinairement à loger & coucher les pelerins: là où nous auons repoſé. Hors du Monaſtere, enuiron d'vn traict d'arbale-

ſtre, eſt la cauerne où la vierge Marie ſe cachoit auec ſon fils, pour euiter la furie d'Herode, quand il faiſoit tuer les Innocens: & y a dedans vn Autel, auquel on celebre Meſſe. La terre ou pierre d'icelle cauerne, puluerisee, & beuë, faict auoir laict aux femmes, qui en ont beſoin, & guerit des fiebures: & profite beaucoup à ceux qui la prénent deuotement, auec foy: Ce que les infidels pratiquent eux-meſmes, car ils vont vendre ladite pierre aux autres lieux: ce qu'ils ne feroient, ſi elle ne profitoit. Et retient ceſte vertu de ce que la vierge Marie y a reſpandu de ſõ laict tres-ſacré & celeſte. Plus loing, eſt le lieu, où les Paſteurs ouyrẽt l'Ange, qui leur annonça ce beau cantique: *Gloria in excelſis Deo.* Puis en reuenant du champ des Paſteurs, eſt vne Chapelle, où anciennement eſtoit vn Monaſtere de filles dediees à Dieu, baſty, & fondé par la bonne ſaincte Paule. De là, retournans en Bethleem, nous viſmes la fontaine de Dauid: là ayans faict nos deuotions, ayans eſté receuz humainement par les venerables Religieux du lieu, & ayás pris cõgé d'eux, nous prismes nostre chemin pour retourner en Hierusalem : & ainsi que nous passions pardeuãt quelques maisons, il y eut vn des Turcs, qui estoiét sur vne maison, tenant vn membre de mouton, ou de cheure, & vne grosse pierre, faisant semblant de la ietter sur vn chacun de nous : En fin la pensant ietter sur vn de nostre compagnie, elle tomba sur la teste de nostre guide, ce qui luy effondra le cerueau. Puis apres retournans en Hierusalem, nous vinsmes passer par dessous le Terebinthe, qui est vn arbre, là où la sacree mere de Dieu se reposoit, auec son fils, à l'ombre, en allant & retournãt de Hierusalé en Bethleem : lequel arbre estẽd ses rameaux largement sur le chemin : Et est la vierge Marie par l'Eglise comparee audit arbre, en l'Ecclesiast. 24. *Ego quasi Terebynthus extendi ramos meos.* I'ay estendu mes rameaux ainsi comme le Terebynthe, & mes rameaux sont d'honneur, & de grace : Car tout ainsi comme le Terebynthe recrée & rafraichit la personne qui se repose soubs son ombre: ainsi la sacree mere de Dieu recree, & conserue ceux qui se reposét soubs l'ombre de sa protectió, & sauuegarde: & là y a indulgence de 7. ans, & 7. quarantaines, comme aux autres lieux saincts, encores qu'il ne soit marqué: en disant à chacun d'iceux vn *Pater noster*, & *Aue Maria*. De là, nous retournasmes en Hierusalem.

De nostre retour de Hierusalem en Tripoly.
CHAP. 26.

LE Sabmedy des octaues de la feste Dieu, ayans faict nostre deuotion & oblation selon nostre pouuoir, ie celebray Messe au grand Autel de S. Saluateur, petite Eglise, mais tres-belle: puis ay ans recommandé nostre retour à Dieu le Createur, à la sacree vierge Marie, & à tous les Saincts de Paradis, nous prismes congé de reuerend pere en Dieu, frere Iean à mōte Iano, Gardian du Monastere S. Saluateur, & Cōmissaire Apostolique, ayant la charge & garde du S. Sepulchre, & autres saincts lieux, & du Conuent, & nous mismes nous en chemin pour retourner. L'occasion de nostre retour si brief, fut, que de iour en iour les Turcs enuoyoient demãder de l'argét pour courtoisies, sans aucune raison ny occasion, & ne faut chercher enuers eux pourquoy, car ce seroit perdre temps: autrement le Conuent en respondroit & patiroit. Voyans aussi que nous auions veu & visitez les principaux lieux, ausquels les mysteres de nostre redemption ont esté accomplis: nous prismes le chemin de nostre retour, auec lettres du Pere Gardian, seellees du seel du mont de Syon, auquel sont engrauees deux histoires, sçauoir la lotion des pieds, & la mission du S. Esprit, estans accompagnez d'vn Turc à cheual pour nostre conduicte: ayans aussi en nostre compagnie vn reueréd Pere Religieux du S. Sepulchre, qui venoit à Venize. Et ayans passé la porte de Hierusalem se conuint mettre à pied iusques à vne moye ou monceau de pierres qu'auoit faict vn Turc, là où il cõuint payer tribut de deux medins pour chacun homme. De là, nous prismes le grãd chemin à course d'Asnes:

mais estans venus & descendus entre
les montaignes, nous fusmes accompagnez
des Arabes, qui occupent les
chemins, puis il leur conuint donner
quelque somme d'argent, & lors ils
nous laisserent: & ceux là nous ayant
quittez, nous tombasmes entre des
plus meschans, entre lesquels le Capitaine
estoit cruel, hideux, espouuentable,
grád de corps, roux de barbe, auec
des moustaches, & sur tout liberal en
bastonnades: lequel apres qu'il nous
eust faict payer pour la premiere & seconde
fois, il nous conduict vn peu
plus loing, là où il nous donna à cognoistre
quelle affection il auoit de
nous voller, car il n⁹ fouïlla par tout,
par quatre fois, auec coups de bastons,
sans misericorde, & apres qu'il eust ce
qu'il demandoit, sçauoir cinq Ducats
Venitiens, il nous laissa aller. Et si tost
que nous fusmes sortis de ses mains,
nous tombasmes entre les mains des
autres, lesquels ne nous furẽt si cruels:
car de moleste, ils ne nous en firent
point, sinon que quelquefois nous
apposer la dague, & la picque à l'esto-

mach, pour exiger d'auantage, & arracher les esguillettes des chausses, où il y en auoit, laquelle bande nous ayant laissé, & estans sortis de ladite vallee, qui est dedans les bois dicte meritoirement vallee de misere: nous pensiós estre eschappez, & comme nous picquions nos Asnes, pour plustost estre à Rama, suruint vn autre Cappitaine Arabe, à cheual, auquel fallut monstrer & exhiber la bulette de Rama, puis luy ietter vn os à la gueule, comme à vn chien, afin de le chasser arriere de no°: l'os qu'on luy ietta estoit vne piece de soixante medins, ce qu'il ne vouloit prendre, n'eust esté ceux qui nous conduisoient, qui le prierent, le baisant à la barbe: Ce qu'ils estiment leur estre à grand honneur. Estans eschappez de ce Lyon, nous approchasmes de Rama, & quand nous fusmes & commençasmes à entrer dedans, nous fusmes suiuis des enfans, qui nous faisoient courrir plus fort que ne voulions, à coups de pierres. A la fin nous rentrasmes au logis, où nous fusmes vn peu rasseurez: & estant là, nous fallut obtenir congé du Bascha, pour passer plus outre: lequel nous demandât grand argent, nous luy dismes, que nous estions pauures, & que d'argent nous n'en auions plus, & que s'il vouloit de nos robes, qu'il en print, lequel nous respondit, Qui n'a argent ne vague à la marine: il luy conuint donner 7. facquins, au Soubacha presque autât, chacun vn ducat au Capitaine des Arabes, pour nous conduire iusques à Iaphe, ce qu'il ne fit toutesfois, & nous en allant sans conduicte, nous fusmes conduicts assez rudement, côme entendrez cy apres. Où ie veux aduertir le pelerin, qu'il pouruoye d'vn bon truchement fidel, qui entende biê l'vsage du pays, & la langue, & lequel parle & paye pour luy: & par ce moyê il euadera tels dangers. Car nostre misere fut, de ce q̃ nostre truchement, qui estoit Grec, n'y entédoit rien, & lequel, comme ie croy, iamais n'auoit mené pelerins. Donc, approchans pres de Iaphe, sans guide, nous commençions à nous resiouyr de veoir la mer, pour nous ambarquer: mais, comme on dit

La guide des chemins
ordinairement, *Extrema gaudij luctus occupat.* Les pleurs succedent à la ioye. Voicy vn Arabe à cheual, furibond cōme vn Lyō, qui nous suit à bride aual-lee, auec vne picque en sa main, & viét frapper le dernier de nous, qui se nōme Glaude Meussier de la ville d'Arles en Prouéce, le pensant perçer d'outre en outre : mais par la bonté Diuine, 'il tomba de son Asne de frayeur qu'il eust, & le coup addressa à sa hanche, & rencontra l'os, qui fut cause que le coup ne fut si auant : puis s'en vient à vn chacun de nous, pour nous enfiller de sa picque : chacun pour sauuer sa vie luy iette la bourse habillemēt. Là, ce qui est dict en Iob, sçauoir, Tout ce que l'homme peut auoir, il le donnera pour sauuer sa vie, fut bien verifié : car sans retarder, chacun luy ietta la bourse, & pensions là rédre l'ame, car nous estions sans guide, sans armes, & sans aucun ayde humain. Mais le bon Dieu le terrifia, voyant l'effusion de sang du frappé & blessé, & ayant les bourses, ayāt aussi pris à M. Christiphe Dechābert mon confrere, sa valize, où estoiét

nos passeports & lettres de Prestrise, auec les dignitez qu'il reportoit de Hierusalem, il s'en fuit, criât tant qu'il pouuoit, ce qui nous donna plus grâde crainte, car nous estions proches du lieu, où les Arabes estoient logez, & estimions qu'il les appelloit, pour venir au secours à nous saccager. Lors nous nous confessasmes, & dônasmes l'absolution aux autres, recommandás nos ames à Dieu, inuoquans l'ayde de la vierge Marie, puis ceux qui auoient de bonnes iambes le firent paroistre. Nous courrusmes donc tât, que no⁹ arriuasmes au pied de la môtaigne, pour gaigner la mer, les vns par les buissons, les autres par les rochers: tant y a que par le vouloir de Dieu, no⁹ euadasmes tous le peril de la mort, & tous ensemble nous nous r'assemblasmes au port: auquel nous fusmes encores arrestez, pour payer le tribut: Là où i'ay remarqué vne cruaulté presque incroyable, sçauoir, que quâd nous eusmes porté nostre compagnô en l'esquif, qui perdoit son sang en abondance: neantmoins ne pour argêt, ny pour prieres, ne voulurent permettre ceux du port, qu'il fust mené au vaisseau, que premieremét tous n'eussent payez ce qu'ils demandoient. En fin nous fusmes ambarquez, & le vent nous fauorisant, nous vinsmes passer par deuant Chasteau Peregrin, qui est vne petite ville, là où anciennement les pelerins descendoient, puis apres pardeuant le mont de Carmeli, qui est vn haut mont, où il y a vn Monastere: puis nous passasmes pardeuant les villes de Tyr, & Sidon, basties sur le bord de la mer: la premiere est ruinee, & y a apparence qu'anciennemét c'estoit vne belle place, & estoit Royaume, comme appert au 3. des Roys, chap. 5. de Hyran qui en estoit Roy. Celle de Sydon, qui est plus loing, est encores en bel estat. Ce sont les villes desquelles dict l'Euangile, *Secessit Iesus in partes Tyri, & Sydonis.* Par apres, no° arriuasmes à Tripoly la veille de la S. Iean, où furent faicts feux de ioye, i'étend au Foudigue des François, auec grande recreation. Cela se faict sur la maison, laquelle est plate, comme i'ay pour le voyage de Hieruf. 82

defia dict cy deſſus. Le iour meſme de S. Iean, ie dy la grãd' Meſſe en la Chapelle. Puis apres le diſner, nous fuſmes cõduire en ſepulture l'vn de ceux qui eſtoit paſſé auec nous de Marſeille en Tripoly, en vne Chapelle loing de la ville d'vne bonne lieuë, nommee S. Iacques, là où on entetre les François qui meurent par delà. Le Dimanche enſuiuant ie fis la predication en la Chapelle, à l'inſtance de Monſieur le Conſul. Eſtãs là de repos, nous fuſmes laſſez bien toſt: car le peregrin ne demande que ſa patrie: & nous deliberaſmes d'aller veoir & viſiter le mont du Liban, tant celebré en l'Eſcriture ſaincte, & y allaſmes.

Du mont Liban. CHAP. 27.

ENtre tous les monts qui ſont au monde, les vns ſont plus celebrez & renommez que les autres, quelquefois à cauſe de leur ſaincteté, quelquefois à cauſe de leur hauteur: Comme le mont de Caluaire eſt celebré à cauſe de ſa ſaincteté, pource que ſur le ſommet d'iceluy a eſté payé la rançon

La guide des chemins
du genre humain, & qui plus est, il a esté arrousé du sang du fils de Dieu. Le mont d'Oliuet le doit suiure, auquel Iesus-Christ est monté au Ciel, & lequel garde encores auiourdhuy le vestige de son pied. Le mont de Syon doit marcher apres, sur le sommet duquel nostre Seigneur a institué le S. Sacrement de l'Autel: là où aussi il a enuoyé le S. Esprit à ses Apostres. Le mont de Tabor ne doit estre oublié, sur lequel le mesme fils de Dieu s'est voulu transfigurer, & dóner vn eschãtillon de sa Diuinité. Lesquels monts sont renommez, non pas tant pour leur hauteur, que pour leur saincteté. Les autres sót celebrez pour leur saincteté, & leur hauteur ensemble: Comme le mont de Synay, sur le sommet duquel Dieu le Createur donna les tables à Moyse, & sur lequel saincte Catherine a esté ensepulturee par les Anges. Quant au mont du Lyban, duquel ie veux parler: il n'est pas à comparer aux autres en saincteté, mais bien en hauteur: car il est si haut, que la neige y est en tout temps, & s'il se peut veoir

de loing: & si d'auantage il semble auoir quelque saincteté, de ce qu'il est celebré de l'Eglise, laquelle le compare souuent à la sacree vierge Marie, disant, *Fons hortorum, puteus aquarum viuentium, quæ fluunt impetu de Libano*, voulant dire, que du mont du Liban y descend vne grãde abondance d'eauë, qui viennent arrouser la terre: ainsi de la sacree vierge Marie sort vne infinité de graces, qui viennét arrouser les pecheurs, & les console. De rechef, l'Eglise dit en la personne d'icelle, *Ego quasi Cedrus exaltata sum in Libano, & quasi Cypressus in monte Sion*. Ie suis exaltee comme le Cedre du Liban, voulãt par là comparer le môt Liban au Ciel, auquel elle est exaltee, & le Cedre qui est en iceluy à elle-mesme: car l'arbre du Cedre est beau, plaisant & verd en tout temps: ainsi elle est toute belle, tousiours verde, c'est à dire vierge deuant, & apres l'enfantement: & selon ce qu'en dict Esaye chap. 35. *Gloria Libani data est ei*. La gloire du Liban luy est donnee & attribuee, pour les causes susdites: Auquel mont elle est aussi exaltee par honneurs & deuotions: Car il y a vn Monastere de Religieux tres-antique, où il y a vn Patriarche qui commande aux Chrestiens de ce pays là, lesquels Patriarche & Religieux s'appellent Marons, & ont vne Eglise dans le ventre de la montaigne & roche, fort bien faicte, où ils celebrent la Messe sur le vespre en langue Chaldaicque, de laquelle nostre Seigneur parloit, qui demonstre assez leur antiquité. Neantmoins quant à leurs ceremonies, ils sont conformes & semblables à nous, à ce que i'ay remarqué: & recognoissent le Pape pour leur superieur. Ils ieusnent ordinairement iusques apres la celebration, & communient tous de l'hostie consacree par le Prestre qui celebre, laquelle est diuisee en tant de parcelles qu'ils sont de personnes à communier: puis le Celebrant les met dans le Calice, & auec vne cuillier d'argent leur distribue selon leur ordre, commençant au Patriarche, & consecutiuement aux autres. Mais quelque curieux, ou peu Catholique, comme il aduiet le plus sou-

pour le voyage de Hieruſ. 84

uent, ſe pourra formaliſer de ce, & dire qu'il y a difformité en l'Egliſe pour cela, & par conſequent qu'il s'en voudra retirer, encores qu'il n'y ſoit pas volontiers: Auquel ie reſpõdray, qu'en la celebration & en leur maniere de faire, ils ne ſont difformes, mais plus à loüer que les Grecs, pource qu'ils recognoiſſent le S. ſiege Apoſtolique: ioinct que l'vne & l'autre maniere de celebrer ſe trouue en l'Eſcriture ſaincte: Car en la primitiue Egliſe on celebroit au ſoir, comme dict S. Paul aux Corinthiens, & les reprent de ce que les vns s'approchoient de la communiõ, ſaoulez & yures, & les autres mourans de faim: tellement qu'il ſemble vouloir dire, qu'il vaudroit mieux s'y preſenter à ieun, ce qu'on ne peut faire maintenãt, car ce ſeroit choſe preſque impoſſible de ieuſner iournellement iuſques au ſoir. Que ſi on euſt peu touſiours s'y preſenter à cœur ieun, cõme font ces bõs Religieux ſuſdits, & le ſimple peuple l'euſt peu faire: l'Egliſe gouuernee par le S. Eſprit n'euſt pas changé le temps, encores qu'il n'importe en rien en la vertu du S. Sacrement. Car Iesus-Christ ayant donné à son Eglise la mode & la forme de consacrer, a laissé à la discretiõ d'icelle, d'ordonner des temps, & saisons. Quant à la langue en laquelle ils celebrér, est celle laquelle nostre Seigneur parloit, laquelle est autant ou plus sanctifiee que les trois autres, sçauoir, Grec, Latine, & Hebraique: lesquelles ont esté sanctifiees en la Croix, en ce qu'elles ont esté employees à escrire le tiltre de nostre Seigneur. Il n'y a donc point d'occasion de se formalizer en cela. Or pour reuenir ausdits Religieux, ils portét des turbans bleuz sur leurs testes, & n'vsent d'aucuns bancs ou sieges, sinon que de la terre mesme, en prenans leur refection. Ils viuent en commun, en vne mesme heure, & en mesme table, & n'ont qu'vne salle pour tous, tant pour le Patriarche, que pour les Religieux, & autres seruiteurs. Apres que nous eusmes visitez ledit lieu, & pris congé du Patriarche, nous fusmes conduicts sur le sommet de la mõtaigne, où est la forest des Cedres,

là

là où le Roy Hyran Roy de Tyr, en fit preparatiõ, pour couurir le Temple de Salomon, qui sont arbres merueilleusement beaux, & recreatifs à veoir, du genre desquels la Croix de nostre Seigneur a esté faicte. De là, nous retournasmes en Tripoly, esperans nous ambarquer incontinent, toutesfois non si tost que nous esperions: & fusmes cõtraincts, pour le plus expedient, prendre le chemin par Messine en Sicile, en vn vaisseau nommé S. Iacques de bõne auanture, pour venir à Rome visiter les saincts Apostres. Icy ie veux biẽ aduertir, q̃ celuy qui trouuera vn vaisseau retournant à Marseille, qu'il ne perde ceste commodité pour s'en retourner, pour les causes predictes, & pour plus grande expedition.

Nostre retour de Tripoly à Messine.
CHAP. 28.

APres que no9 eusmes faict la pluspart de nostre petit deuoir en la terre saincte, & lieux circonuoisins, il nous conuint repasser le grãd ruisseau, sçauoir la mer, & ne trouuãs meilleure commodité, ny plus proche, nous deliberasmes de venir à Messine en Sicile, pour retourner par Rome, & là gaigner les indulgences concedées aux peregrins: pour aller aussi visiter nostre Dame de Lorrette. Et ayant connenu à dix escus pour homme, nous nous ambarquasmes le 7. de Iuillet, & voile estant faict, nous experimentasmes de rechef les perils de la mer, car le vét de besche nous liura grád guerre, auec ce que nostre vaisseau estant petit faisoit eaüe de tous costez: Ce que voyans les Nautonniers, aduiserent, qu'il falloit retourner en Tripoly, pour le racommoder: ce que par trois iours ayát essayé, on ne peut rentrer en la plage, à cause du vent Liban qui y empeschoir. Lors nous fusmes conduicts par le vét en vne petite Isle, nommee Tortouse, en laquelle nous entrasmes, & y trouuasmes plusieurs personnes Turcs & Mores, y habitans, auec femmes & enfans, sur le bord de la marine, sans aucunes maisons: lesquels, comme ie croy, ne viuent que de tortuës, grosses comme moutons,

pour le voyage de Hierus.   86

comme nous les auons veu. Ie croy
auſſi ladite Iſle eſtre ainſi denommee,
à cauſe deſdites tortuës qu'on y prent
de nuict, lors qu'elles ſortét des eauës,
pour venir en terre, & vendent les eſ-
cailles pour faire des boucliers. De là,
nous retournaſmes en Tripoly, pour
racommoder le vaiſſeau: lequel eſtant
racommodé, nous nº ambarquaſmes
de rechef le iour de ſaincte Marguerite
20. de Iuillet. Et quand nous fuſmes
pres de Cypre, ville & Royaume cy
deſſus mentionnez, nous rencontraſ-
mes deux Galleres le Sabmedy, 10. dudit moys, leſquelles nous donnerent
grand crainte, mais la volonté Diuine nous en preſerua, car elles ſe reti-
rerent à port. Le Sabmedy enſuyuant
iour de la transfiguration nº fuſmes
pourſuiuis d'vne autre, qui nous ef-
fraya tout à faict: car la voyant venir
apres nous, à voile & rame, comme vn
cheual à bride auallee, cela nous donnoit à entendre qu'elle nous en vouloit. Reſolution fut donnee, qu'il val-
loit mieux nous rendre à ſa miſericor-
de, que combattre, & donner vn pre-

H ij

sent honneste, auec humilité, que se perdre. Le voile fut donc tourné, & la barque mise en mer pour l'aller recognoistre vistemét, pour éuiter quelque volee de canon. Cependant estát ainsi effrayé, on voyoit qui deça, qui delà cachoit ce qu'il pouuoit, de peur des esclaues qui pillét iusques à la chemise du dos. Le vaisseau donc s'approchant de nous, posa sa bániere sur l'arbre pour demonstrer quel il estoit: lors nous commençasmes à regarder que c'estoit vne croix blanche, & que tous les soldats auoient des chapeaux, ce que les Turcs ne portent point: lors nous cognusmes que c'estoient Chrestiens, & que c'estoit vne gallere de Malte qui alloit en course sur les Turcs: & d'autát que la crainte fut grande, la ioye aussi, & l'asseurance qu'ils nous donnerent fut grande. Ledit vaisseau auoit pris vn vaisseau Grec qui estoit deuát no⁹, & douze Turcs: puis apres, comme on nous dict en Candie, là où il se vint rafraischir, poursuiuant sa course, il print vn vaisseau Turquois, où il y auoit trente Turcs, & en combattant il s'y perdit quatorze soldats: la prise estoit estimee cinquante mil escus. Le iour de l'Assumption de la sacree vierge Marie, nous eusmes fort temps. Le Vendredy suiuant, le vin faillit, & conuint boire l'eauë auec mesure, & le biscuit. Le vent apres encores nous contrariant, tout fut retranché: tellemét que nous auions enuiron vne demy liure ou trois quarterons de biscuit, pourry en partie, & plein de vers : ce qui no^9 sembloit encores suaue côme succre : pour la douceur & friandise nous auions quelquefois vn quartier d'oignon, ou deux, puis apres cela quatre verre d'eauë pour iour, presque empuree : encores estoit-elle si bonne, que n'en pouuiõs estre rassasiez. Le téps & mauuais vent perseuerant, il fut dit, qu'il se faudroit passer à vn verre d'eauë, & vn morceau de biscuit pour repas, ce qui nous estonna grandement. Mais en ces deliberations le vent nous transporta de Barbarie en l'Isle de Candie, Royaume appartenant aux Venitiens : là où le 25. d'Aoust nous arriuasmes, & là

H iij

prismes port en vne plage, & prismes vn peu d'eaüe, du bois, vn peu de pain & vin: Puis apres, enuiron 15. iours, nous voyons nostre viure faillir, & le vent tousiours contrarier: puis apres, suruenant la bonace & calme, on se voyoit merueilleusement triste. Ie ne sçauroy nombrer combien d'œillades se iettoient à toute heure, pour veoir si on descouuriroit la terre de quelque part: la volonté de la voir nous aueugloit tellement, que le plus souuent elle nous persuadoit, que les nuees noires que nous voyōs au Soleil couchár, estoit la terre. A la parfin Dieu eust misericorde de nous, & nous enuoya du vent, qui nous aduança de beaucoup en nostre chemin, & commençasmes à veoir les montaignes de Calabre le Dimanche vnziesme de Septembre. Quelqu'vns des mariniers estoiét d'opinion que c'estoit la Sicile, d'autres que non: tant y a que nous fusmes retardez vn iour & demy tirans en Calabre, au lieu de Sicile. Le terrin estant recogneu, le voile fut retourné vers Sicile: Et ainsi que nous passasmes la

pour le voyage de Hierus. 88

nuict du Lundy 12. dudit mois, enuiron 2. heures deuant le iour, nous eusmes vne faulse allarme d'vne fregate brigantine, qui estoit cachee derriere vn Cap. Mais incontinent nous nous mismes en armes, tant nous comme les autres : l'artillerie fut amorcee, & à nous qui estions trois Prestres fut dónee la charge de ietter les pierres à ceux qui aborderoient. La fregate nous voyant disposez, & le vent nous a duácer de beaucoup, passe outre, sans dire mot. Puis le iour suiuát nous passasmes pardeuant Rhege, ville de Calabre : puis nous arriuasmes à Messine en Sicile enuiron 5. heures apres midy, le 13. iour de Septembre, 1588.

De l'Isle & Royaume de Sicile.
CHAP. 29.

LA Sicile, Isle & Royaume duquel i'ay parlé cy dessus en passát, estoit antiquemét dominé par les François, lesquels en furent expulsez par ceux du pays l'an 1341. par vne conspiratió qui fut faicte contre eux, à cause des faicts deshonnestes qu'on dict qu'ils

H iiij

La guide des chemins
commettoient, ou vouloient commettre enuers les femmes dudit Royaume: laquelle conspiration fut executee vn iour du Vendredy sainct, comme ils faisoient leurs prieres & oraisons aux Eglises, sans armes, côme tel iour le requiert, furent chargez par les insolens, de telle façon, qu'ils en defirét pour ceste iournee soixante mil. Duquel meurtre le Pape aduerty les excômunia tous: mais apres furent absouz à certaines conditions, desquelles ceste-cy est creüe la principale: Sçauoir, que les femmes, à cause desquelles le meurtre auoit esté faict enuers lesdits François, porteroient perpetuellemét le dueil desdits occis, estant couuertes d'vn voile noir, qui leur couuriroit tout le corps, depuis le sommet de la teste, iusques aux talons, la face cachee aussi par le mesme voile. Ce qui s'obserue encores auiourd'huy, comme ie l'ay veu estant audit Royaume: lequel est abondant en bleds, pource que les montaignes & plaines sont fertiles, & s'y seme-on sans labourer auec bœufs ou cheuaux; mais seulement harcent

ladite terre: Et à cause de sa fertilité & abondáce est appellee dés le temps de Ciceron, la mere nourrice de l'Italie: il y a aussi des vignes qui portent de tres-bon vin, & en grande quantité. Madame Saincte Agathe estoit de ladite Isle de la ville de Cataigne, sur le bord de la mer, & Saincte Lucie, de Saragouse, port de mer.

De la ville de Messine chef du Royaume de Sicile. CHAP. 30.

ENcores que les François ayent esté ainsi miserablement traictez en la Sicile, neantmoins pource leur renōmee n'en est ostee ou abolie: Car les belles Eglises, forteresses, & Chasteaux, qu'ils y ont bastiz, donnent encores tesmoinages de leur renom. La ville de Messine, chef du Royaume, en sçauroit bien que dire, si on luy demádoit en quoy gist & consiste sa force, elle respondroit, en celle des François, & aux forteresses & bastimens qu'ils ont basty aux enuirons d'icelle. Ladite ville est bastie en partie sur le bord de la mer, là où y a vn port beau & pro-

H v

pre aux armees marines, pour la defence duquel, & de la ville, est vn fort ou Arcenach, enuironné de mer, fortifié de plusieurs bastillons & boulevarts: ce qu'ont basty les François, & y habitent ordinairement dedans bien deux cens personnes: Et ce est le principal fort de la ville. L'autre costé d'icelle est basty en partie sur des monts, commandez d'autres prochains: sur l'vn desquels est encores vn Chasteau basty par les François, qui defend la ville contre lesdits monts: tellement que iusques à maintenant, la ville se repose encores soubs l'ombre des forteresses Françoises. Nous estans arriuez en ladite ville, ou port d'icelle, nous fusmes arrestez sur la mer, pour veoir côme nous nous portions, craignant la peste. Nous fusmes aussi visitez par les Iuratz, qui sont Magistrats. Puis gardes nous furent données: tellemét que nul de nous n'osa mettre pied à terre, que nous ne fussions receuz en quarantaine. Cependant le 22. Septébre, enuiron deux heures apres midy, nous vismes vn Selon, qui est vn mor-

pour le voyage de Hierus. 92

ceau de nuee, qui descend en mer, cóme vne grosse tour, tournoyant comme vn tourbillon, qui attire l'eauë de la mer en l'air, & quelquesfois attire des rochers, ce que craignent les mariniers: car si cela adressoit à vne nef, comme quelquesfois il est aduenu, il l'esleueroit en l'air auec l'eauë: ce qui se peut coniurer auec certaines oraisons & ceremonies, qu'ils obseruent entre eux: ce que ie delaisseray à desduire, estimât que c'est plustost superstition, que deuotion, ou plustost sort & inuentiô diabolique. Douze iours apres, nous fusmes receuz en quarantaine: là où il faut entendre, que les vaisseaux qui viennent du leuant, ou autres lieux suspects de peste, facent quarantaine, c'est à dire les hommes & la marchâdise soient airez par l'espace de six sepmaines: & pour ce faire, on nous mit sur le bord de la mer, en vne logette de planches, proche d'vne tour ioignant aux fossez de la ville, en laquelle nous entrasmes le 23. iour de Septembre. Le Ieudy 20. du mois d'Octobre suiuant arriuerét en ladite vil-

La guide des chemins
le quatre Galeres de la region de Malte, à l'entree desquelles furent tirez plusieurs coups de canon, auec sons de trompettes & clerós, pour leur venuë. En ladite ville y a plusieurs Eglises: entre lesquelles la grande est dediee à la vierge Marie, & est siege Archiepiscopal. En celle de S. Ieã au moys d'Aoust de ceste presente annee se sont trouuez plusieurs corps saincts, iusques au nombre de 32. Entre lesquels sont les corps de S. Placite, S. Victorin, S. Euthich, & de Saincte Flauia leur sœur, qui furét martyrisez il y a mil 42. ans, & auoient là esté tousiours negligez & incognuz, iusques à tant que par miracle diuin S. Placite apparut à vn Prestre en l'Eglise, auquel il deffendit de dire mot de l'apparition: toutesfois la declarant au Prieur de ladite Eglise, il luy print en deuotiõ de faire chercher audit lieu, iusques à tant qu'il trouua les Reliques precieuses. A l'inuention & aux lieux desdits corps, sont sorty autant de fontaines d'eaüe douce, qui par la vertu desdits corps a rendu la veüe aux aueugles, qui s'y sont lauez:

pour le voyage de Hieruſ. 91

guerit maladies incurables, & autres œuures miraculeuſes qui s'y font iuſques auiourdhuy. Ladite ville eſt aornee de belles fontaines & excellentes: entre leſquelles y en a vne ſur le bord du port de la mer, là où l'armee de Dom Iean fut rangee en bataille: là où il y a vn geant en forme de Neptune Dieu de la mer, qui tient deux monſtres enchaiſnez à ſes pieds, & de la main faict ſigne qu'on paſſe en aſſeurance: Où faut noter, qu'auant la venue de noſtre Seigneur, les Diables vexoient les humains de toutes façõs, iuſques à ce qu'ils ont eſté releguez par luy,& les Apoſtres aux abyſmes,& autres lieux, comme les Eſcritures le demonſtrent, & nommémét la vie de S. Martial Diſciple de noſtre Seigneur, & Couſin de S. Pierre, lequel ayãt reſuſcité Childebert fils du Comte de Poictiers, nommé Arcadius, coniura le Diable qui l'auoit tiré dãs l'eaüe en forme d'vn chien, & luy demandant ſon nom, il dict qu'il eſtoit Neptune, celuy qui ſe dict Dieu de la mer, & fut relegué par S. Martial en vn lieu

La guide des chemins
desert, auec commandemēt de ne plus
retourner en l'eauë. Depuis ladite re-
legation ie croy qu'on a commencé à
passer ladite mer, qui estoit fort dan-
gereuse: car il y auoit deux gouffres,
l'vn nommé Sylla, l'autre Charybdis,
ainsi denommé ie croy à cause qu'vn
nommé Sylla auoit esté nié en ce lieu
la, ou à cause d'vne place prochaine
qui se nomme ainsi: l'autre Charybdis,
dequoy Virg. *Dextrum Sylla latus sini-
strum implacata Charybdis detinet.* Et de là
est venu le cōmum Prouerbe latin que
nous disons ordinairement: *Cupiens
euitare Syllam incidi in Charybdim.* Cōme
les Nautonniers pensoient esuiter le
gouffre de Sylla, sont tombez en celuy
de Charybdis. Et voyās q̄ ces gouffres
estoient maintenāt aisez à passer, pour
ceste cause ils ont erigez ledit Neptune en ceste façon susdite.

*Le chemin de Messine iusques à Naples, &
de là à Rome.* CHAP. 31.

APres que les iours de nostre quarantaine & purgatiō furēt accō-
plis, on nous ordonna nous lauer en la

pour le voyage de Hierus. 92

mer iusques à 2. fois, & tout ce q̃ nous auiõs. Puis visitez par les medecins ordõnez: nous eusmes entree en la ville le 28. d'Octobre, en laquelle, apres q̃ nous eusmes demourez quelque téps, & visitez les choses dignes de memoire, nous prismes le chemin pour venir à Rome: & est le plus expedient d'aller par eaüe en quelque flouque iusques à Naples, que de passer en Calabre & aller par terre, à cause des montaignes, neiges, & bádouillers ou volleurs qui sont ordinairement aux mõtaignes dudit pays. Donc, partant de Messine, nous montasmes en barque: là où il faut entendre qu'on est foüillez par quelques personnes à ce deputez, pour veoir si on porte argent plus de cinq ducats: que s'ils en trouuent d'auantage, ils le prennent, & confisquent au Roy, qui est chose merueilleusement cruelle. Ce que nous auõs veu estre faict à vn ieune homme qui estoit en mer auec no⁹, auquel on print 40. escus, puis mené en prison: là où il faut, auant que sortir, soigner à ses affaires: & vaut mieux perdre peu, auec

La guide des chemins.

lettres d'eschange, que de tout perdre le voulant porter auec soy. Quant aux Prestres, il leur est permis porter ce qu'ils pourront & voudrōt, sans estre fouillez, comme l'Euesque me le dict, & l'experience le monstra: car celuy qui fut prisonnier n'estoit Prestre, & nous, monstrans lettres, il ne nous fut dict mot. De là, nous vinsmes premierement loger à Sylla, lieu susnommé, où il y a vn Chasteau assis sur vn roch, sur le bord de la mer: puis nous vinsmes à Parme. Apres, cheminans nuict & iour, nous arriuasmes deux heures deuant le iour à Torpia, petite ville & Euesché. Et de là à Pise, petite plage: là où se retirent ordinairement les bariquelles, & n'osasmes passer plus auāt deuant le iour, craignant les Corsaires Turcs, qui en auoient pris quatre, deux iours deuāt. Partás de là au iour, nous vinsmes loger en vne ville situee sur le bord de la mer nommee Lamantia. Et passant depuis Sylla iusques à Lamantia, nous vismes le mont Brochan, qui iette feu visiblement ordinairement, & est au milieu de la mer.

durant la nuict, qui est chose merueilleuse à veoir, & dient que c'est la bouche d'Enfer: D'abondant dient ceux qui ont esté sur le bord dudit mont, qu'on y entend vn cris merueilleux & horrible. De là, nous vinsmes à Saincte Lucite bourgade & Chasteau, Marquisat de Calabre: là où, en attendant le vent commode, nous logeasmes en vne Chapelle sur le bord de la mer, deux nuicts durant: & voyant que le vent & la tempeste continuoiét, nous allasmes visiter le lieu de S. François de Paula, qui est ainsi nommé, à cause de la ville nommée Paula, d'où il estoit, & y a faict plusieurs miracles: & au dessus de ladite ville est son Monastere, en vn desert, où sont gardez sa robe, sa camisolle de bure gris, ses calcettes, ses escarpes, & vne partie de sa barbe: Ce qui nous fut monstré, & semblent encores lesdits vestemens aussi neufs qu'ils furent iamais. De là, nous retournasmes en barque: & vinsmes en Liscarrie, petite ville, de laquelle quelqu'vns mesmes de là estiment que le proditeur Iudas estoit, &

que pour ce, on l'appelloit Iscariot.
Puis nous passasmes vne partie du pays
de la Brousse, durant la nuict: & arriuasmes le Vendredy au soir a la Charouse, qui est vn petit Conuent de
Cordeliers, sicué sur le bord de la mer,
là où nous demourasmes 3. iours, attédans le vent commode: & voyās qu'il
tardoit trop à venir, nous prismes chemin par terre, & arriuasmes en vne petite ville sur le bord de la mer, nómee
Groppe. Le iour suyuant nous vinsmes par mer à Salerne ville & principauté: & de là, à Naples, chef du Royaume, belle ville, grande, situee sur le
bord de la mer, fortifiee de deux Chasteaux, l'vn sur la mer, & l'autre sur la
montaigne de l'autre costé. Partans de
là, nous vinsmes gister à Cappo, petite
ville. De là, à Cascar, village. Le
Lundy suiuant, nous passasmes par
Chastillon proche de Gayette, ville
sur mer. De là, nous vinsmes coucher
à Itre petite ville. Puis nous passasmes
le pas du Roy, qui est vne porte qui
faict la fin du Royaume de Naples du
costé de la Romanie: là où on ne peut

pour le voyage de Hieruſ. 94

paſſer, ne tirer cheuaux, ny argent plus de douze ducats, ſans la permiſſion du Roy. Puis apres on entre en terre Papale, & trouue-on la ville de Terrachine Eueſché, où nous giſtaſmes. Puis nous paſſaſmes par Piperne ville: & de là, nous giſtaſmes à Peritauelle. Le lendemain nous vinſmes giſter à Beliſtre, ville aſſiſe ſur vne montaigne. Le Védredy enſuyuant, nous arriuaſmes en la ville de Rome, chef du monde, par la porte S. Iean de Latran, enuiron vnze heures du ſoir.

De la ville de Rome, & des Stations pour y gaigner les indulgences. CHAP. 32.

LA ville de Rome eſt dite à bon droit chef du monde, pource qu'en icelle eſt le ſucceſſeur legitime de S. Pierre Prince des Apoſtres, Vicaire, & Lieutenant de Ieſus-Chriſt, qui a charge de toutes les ames du monde: Pour ce qu'auſſi, au commencement qu'on la baſtit, en chauant les fondemés du Capitol, on trouua vne teſte, qui fut cauſe qu'on appella ledit lieu *Capitoliũ à capite*, qui prediſoit, qu'à l'aduenir el-

La guide des chemins
le seroit le chef du monde : Ce qu'elle a esté temporellemét, & selon le commandement terrestre & gouuernemét du temps du Senat antique, & des Empereurs. Maintenant, selon le commádement & gouuernemét spirituel, qui est plus beaucoup que le temporel, elle est ville de grande estendue, & situation, occupee de plusieurs beaux edifices, & Eglises, ausquelles sont gardees plusieurs grandes dignitez, tant des corps des Apostres, que des Martyrs & Confesseurs, qui sont en nombre infiny. Mais pource que plusieurs liures font mention desdites choses, ie me contenteray d'escrire seulemét ce que i'y ay remarqué, & les Eglises esquelles les Peregrins acquierent les indulgences & Iubilé, en les visitant. Donc premierement auát qu'y proceder faut faire examen de sa conscience, & se cófesser au Penitencier, qui est en l'Eglise de S. Pierre, puis dignement communier, & apres proceder à la visite, laquelle commence en ladite Eglise, faisant prieres pour la paix & vnion de la saincte Eglise Catholique Apostolique

& Romaine, pour l'extirpatiõ des Hereſies, & autres choſes: Et peut faire le Peregrin prieres ſelon la deuotion, ou ſelon l'ordonnance de ſon pere Confeſſeur. Apres l'Egliſe de S. Pierre, faut aller à S. Paul hors des murs, & là faire de meſme. Puis venant à S. Sebaſtien, on peut viſiter le lieu ou S. Paul eut la teſte tranchee, auquel on voit les trois fontaines, qui commencerent a ſortir lors que ſa teſte fut tranchee, & ſauta trois fois: auſquels trois lieux ſont encores à preſent les trois fonteines, & boit-on de l'eau d'icelles par deuotiõ. De là on vient à ſainct Sebaſtien, qui eſtoit dit au temps paſſé *Cymiterium Calixti*, là ou on voit le lieu ou ſainct Sebaſtien fut expoſé & attaché, pour eſtre tiré de fleſches. De là on rentre dans la ville, & vient-on en la chapelle ou S. Iean fut mis en l'huile par Domitian: encore que ce lieu ne ſoit des ſept deputez, toutesfois en paſſant on le peut, & doit-on viſiter. De là à ſainct Iean de Latran, là ou on doit mõter la Staſcaſcula a genoux: & eſt la montee, ou eſcallier par laquelle noſtre Seigneur

La guide des chemins
môta en la gallerie de Hierusalé, pour là estre môstré aux Iuifs par Pilate, qui dit, *Ecce homo*. Puis à saincte Croix en Hierusalem, & à sainct Laurent hors la ville. On retourne de là dans la ville, & va-on à saincte Marie Maieur, dicte nostre Dame des Neiges: A la visitation desquels lieux est côcedee indulgéce pleniere de tous pechez à tous Peregrins qui deüement contrits & côfessez de leurs pechez, visiterôt lesdits lieux. Quâd aux antiquitez de Rome, elles sont toutes notoires, parquoy ie n'en feray memoire: sinon que de ce qu'on voit auiourdhuy de remarquable, & digne d'estre celebré. Premierement la memoire de nostre sainct Pere le Pape Sixte V. est a extoller merueilleusement pour la posterité: sçauoir, que par toute l'Italie il n'y auoit point de seurté, pour la multitude de volleurs qui tenoiét les chemins, & maintenât il ne s'y en trouue plus, & y peut on aller seurement. Or pour ce faire, il promit grande somme de deniers aux volleurs, mesmes à ceux qui luy liureroient les testes de leurs compagnons:

de sorte que par ce moyen les volleurs se sont tránchez la teste les vns aux autres. Quant à ceux qu'il ne sceut auoir par ce moyen, il leur fit escrire, que s'ils se vouloient rendre à luy, il leur pardonneroit, & leur donneroit le moyen de viure: ce qu'il fit à vn Capitaine bandouillier, nommé Marc de Iarre, lequel vit maintenant honnestement: Et par ce moyen l'Italie fut nettoyee de volleurs. Secondement ledit S. Pere fit, qu'il y auoit abondance de biens à Rome, & y viuoit-on à bon pris: mesmes fit attacher aux tauernes & cabarets excommunications à l'encontre des hostelains, qui venderoiét ou exigeroiét plus que de raison. Tiercemét, ce qui seruoit d'ornemét pour couurir les cendres des Payens, il le fit seruir à porter la Croix de Iesus Christ: sçauoir les Pyramides, qui sont pierres hautes enuiron de cent pieds: entre lesquelles, celle qui estoit derriere l'Eglise de S. Pierre, nommee par aucuns l'esguille de Virgile, seruoit à couurir les cendres de Iule Cæsar: le S. Pere, auec grands fraiz, la fit mener deuant l'Eglise dudit S. Pierre, & dessus y fit colloquer la saincte Croix. Celle qui seruoit à couurir les cendres d'Auguste, il l'a fit seruir pour porter la Croix deuāt l'Eglise SaincteMarie la Maieur: & y a telle inscription, *Christus pacem populo suo præbeat, qui Augusti pace in præsepe nasci dignatus est.* Il y en a encores vne autre deuant l'Eglise S. Iean de Lattran, que Constantin amena d'Egypte à Rome en triomphe, qui sert encores à porter la Croix : celle-cy a esté rompue, mais elle estoit la plus grosse, & n'est de telle matiere que les autres qui sont de beau porphyre. Il y en a encores vne deuant SaincteMarie de Populo, qui sert encores à la saincte Croix. Voyla ce que i'ay veu digne de remarque à Rome, comme chose nouuelle. Quant aux bastimens des Eglises, ils ne sont aucunement à comparer à ceux de France, iaçoit que par dedans ils soient aornez de marbre de toutes sortes & façons : & nommémēt la Chapelle que nostre S. Pere a fait faire à Saincte Marie la Maieur, & celle que le Pape Gregoire dernierement

ment decedé fit faire à costé dextre de S. Pierre, qui sont les deux Chapelles les plus excelletes qui se peuuét veoir. Voila ce que i'ay veu pour le temps present remarquable à Rome. De laquelle ville nous partismes le lendemain de S. André, & prismes le chemin pour aller à nostre Dame de Lorrette. Et premierement, nous vinsmes gister à Castelno, à 5. l. De là, le lendemain nous vinsmes gister à Niorne, & y a 9. l. Puis nous passasmes à Perne assez belle ville, à 3. l. & logeasmes à Aspolity ville, & y a 5. l. Le iour suiuant nous ne peusmes cheminer que 4. l. à cause de la neige, & vinsmes loger à S. Roch. De là, faut passer pardeuát Fouleigne ville, & prendre le chemin à main droicte, pour monter les môtaignes garnies de neige, dicts les monts Appennins, là où nous eusmes bien de la peine. puis nous vinsmes loger à Seraualle, & y a 7. l. De là, loger à Tolentin à 9. l. De Tolentin, nous passasmes à Moucherat, assez belle ville, & y a 5. l. puis 3. l. de là iusques à Rachana, ville antique & belle. De Rachana vne lieue

La guide des chemins
jusques à Lorrette, là où nous arrivasmes le iour de la Conception nostre Dame, & celebrasmes messe en la Chapelle de ladite vierge.

De la translation de la Chapelle nostre Dame de Lorrette, ainsi comme ie l'ay extraict du Latin en ladite Eglise.
CHAP. 33.

LA translation miraculeuse de la Chapelle nostre Dame de Lorrette, qui estoit la chambre de la sacree vierge Marie, au pays de Iudee, en la cité de Nazareth, & en icelle a esté nourrie ladite vierge, & puis saluee par l'Ange, qui luy annonçoit la Conception du fils de Dieu : Là aussi elle a nourry nostre Seignr iusques en l'aage de douze ans. Or, apres l'Ascension de nostre Seigneur, la sacree vierge est demeuree auec les Apostres en Hierusalem : lesquels considerans plusieurs mysteres auoir esté faits en ladite chãbre, l'ont dediee en Eglise en l'hõneur de la sacree mere de Dieu, & la ils cõsacroient, & celebroient les offices diuins : & la mesme S. Luc a faict vne

Image, laquelle se voit encores en ladite Chapelle. Du depuis, ceste Chapelle a esté merueilleusement honnoree par les Chrestiens en ceste Region. Mais depuis que la prauité Mahometique a commencé a seduire les Chrestiens, & que les Chrestiens ont delaissé la foy de Iesus-Christ, pour receuoir l'erreur de Mahomet: lors les Anges ont pris ladite Eglise, & l'ont apportee és parties d'Esclauonie, & l'ont posé pres d'vn certain Chasteau, qui se nomme Flumien, auquel la vierge n'estoit honnoree comme il appartenoit: De rechef, les Anges l'ont pris, & l'ont porté sur la mer, vers le terroir de Rachana, & puis l'ōt posé en quelque forest ou bois d'vne certaine Dame Rachanoise, nommee Lorrette: Et de la, l'Eglise & Chapelle susdite a pris le nō de la Dame susdite, sçauoir, nostre Dame de Lorrette. Au temps que ladite Eglise a demeuré en ladite forest, a cause de la grande affluence du peuple & des peregrins, on y commettoit plusieurs larrecins, & meurtres: pour ceste cause, de rechef ladite

Eglise a esté prise par les Anges, & portee au mont des deux freres: lesquels, a cause de la grande abondance des deniers prouenants des deuotions & oblations, sont venus en grande querelles & discords: & pource les Anges l'ont pris derechef, & l'ont porté en vn autre lieu: la où elle est auiourdhuy auec grand signes & miracles. Donc, & alors tout le peuple de la ville de Rachana est venu, pour voir ceste affaire, & ceste Eglise, laquelle est sur terre sans aucuns fondemens: Pour laquelle cause, le peuple susdit considerant tel miracle, & craignant que ladite Eglise ne vint en ruine, ils l'ont fait enuironer d'vn autre mur, bon & gros, soustenu de bon fondement, comme auiourdhuy on la voit manifestemét. Toutesfois, on ne sçauoit d'où prouenoit ceste Eglise originellement, ny d'où elle estoit apportee. Note donc côme les choses susdites sont venūes en cognoissance l'an de nostre Seigneur 1296. la sacree vierge est apparue a vn Moine sainct, & deuot, auquel elle a reuelé les choses susdites:

lequel incontinent a diuulgué le tout a quelqu'vns de la Prouince: & iceux immediatement ont deliberé sçauoir la verité de la chose, & ont enuoyez 16. hommes, preux, & gens de bien en Hierusalem & Nazareth, pour s'enquester des choses susdites: ce qu'ils ont faict, & ont porté la mesure de la Chapelle, & ont trouuez les fondemens conuenables à ladite Chapelle: & en vn paroy qui estoit proche de là, ils ont trouué escript & engraué, que ladite Chapelle estoit là, & qu'elle en auoit esté emportee: lesquels estans de retour, ont declaré les choses susdites, & que ceste Chapelle estoit la chambre de la sacree vierge Marie, lors la chose est venue en cognoissance. Du depuis, les Chrestiens ont commencé à l'auoir en honneur & reuerence: Et là presque tous les iours se voyent miracles estre faicts, par les merites de la sacree mere de Dieu. Là il y a vn S. Hermite, qui se nomme frere Paul de la Forest, qui demeure en vn petit tabernacle & tugurium proche, & iceluy a veu le iour de la Natiuité, par l'espa-

La guide des chemins

ce de deux heures, vne lumiere en lōgueur de douze pieds, & en largeur de six: puis apres, la sacree vierge s'y est apparue: laquelle le S. homme a declaré auoir veu. Il y a eu deux autres hommes de bien, de bonne renommee de la cité de Rachana, l'vn appellé Paul de Renadulce, & l'autre François: desquels le premier a referé comment le grand Pere de son grand Pere à veu, quand les Anges ont mené ladite Eglise par la mer, & comme ils l'ont mis en ladite forest, & que plusieurs fois il l'auoit visité auec plusieurs personnes. Plus ledit François a dict & tesmoigné par plusieurs fois, qu'il auoit veu les Anges la transporter de lieu en autre. Voila ce que i'ay trouué escrit de nostre Dame de Lorrette. C'est vne chose merueilleuse des miracles qui ont esté faicts, & s'y font encores tous les iours: tellement que tous les pilliers qui sont à l'entour de ladite Chapelle, qui est au Chœur & milieu du Chœur, sont tous couuerts de tableaux, qui font memoire des miracles de la petite Chapelle. Le dessus de l'Autel est couuert de parements d'or & d'argent: là se voit l'image qu'a fait S. Luc, en bosse: se voit aussi la petite cheminee, là où la benoiste vierge chauffoit nostre Seigneur, & faisoit sa cuisine. Nostre S. Pere le Pape, à present seant, deuot enuers la saincte Dame, a faict aorner l'Eglise, non seulement d'vn College de Chanoines, nõ seulement d'vn siege Episcopal, mais d'vn siege Patriarchal, qui est le plus grand apres le Papal, fait trauailler de iour en iour, afin que d'vne bourgade il en face vne belle ville, le tout pour honnorer la bonne Dame. Nous partismes de ladite ville le Vendredy 9. de Decembre, & vinsmes loger à Ancone, ville forte, port de mer, auec vn fort Chasteau à 5. l. de Lorrette. De là, nous vinsmes à Senagalia à 7. l. qui est ville situee sur le bord de la mer. Le iour ensuiuant nous vinsmes à Faune, ville situee sur la mer à 8. l. Le iour suiuant, au matin, nous passasmes à Pise, belle ville du Duché de Florence: & puis nous gistasmes à Rithimue Ariminum, belle ville sur mer, à 9. l.

La guide des chemins

Le iour suiuant nous vinsmes à Rauéne, grande ville, à 10. l. Puis faut passer deux fois le Pau riuiere. Puis nous logeasmes en vne hostellerie nommee Magne-vnche, terre du Duché de Ferrare. Le iour suiuant nous vinsmes passer à Gorre, Chasteau de plaisance du Duc. Puis faut passer le Pau: puis auāt que venir gister aux Fournaches, faut encores passer vn bras de ladite riuiere. Puis nous vinsmes à Quiose, petite ville, enuirōnee d'eaüe comme Venize, auec canaulx par dedans cōme à Venize, par lesquels on va par les ruës: & là y a Euesché. Puis le Sabmedy 17. Decembre nous montasmes en mer, pour venir à Venize, & y a 7. l. de mer à trauerser de Quiose iusques là, où nous arriuasmes le soir. Et faut porter bonne attestation d'où on viēt, craignant n'y pouuoir entrer. Aucuns ont opinion que Quiose & Venize ont esté toutes deux basties par vn François, lequel estant poursuiuy par ses ennemis, s'enfuit en vne petite Isle marine, là où il fit bastir vne forteresse, disant, Qui ose maintenant se prédre à moy? Et voyant que ses ennemis le suiuoient de pres, il fut contrainct de quitter la place, & se retirer plus auant en mer de 7. lieuës, où il fit bastir vne forteresse plus forte, disant à ses ennemis, Venez-y. Et dict-on que de là est denómee Venize, en Italien, & Prouençal.

De la ville de Venize iusques à Turin.
CHAP. 34.

VEnize est vne ville merueilleuse, pource qu'elle est bastie sur pillotiz, au milieu de la mer, & non pas sur rochers, comme aucuns pensent: elle est de grande estendue, & va-on par les rues par terre, & par eaüe: & n'est pas mocquerie de ce qu'on dict ordinairement, qu'à Venize il y a autant de petits bateaux, comme à Paris de coches & chariots: Car il n'y a si petit bourgeois, qui n'ayt sa Gondolle ou bariquelle pour aller par la ville, sans celles de loyer, qui sont en nombre nompareil. Il y a plusieurs Eglises: entre lesquelles la principale est l'eglise de S. Marc, qui est vn assez beau bastiment, aorné par dedans, & diapré d'or pur, auec vn paué d'yuoire & de cuiure, riche à merueille. L'Eglise est faicte en tournelles, & couuerte de plomb. A ladite Eglise y a vn Patriarche, & y est gardé le corps de S. Marc, auec le liure de l'Euágile qu'il a escript de sa propre main en langue latine. S'y voit d'abondant l'image de la sacree vierge Marie, laquelle encores auiourdhuy faict miracles, & est hors de l'Eglise à costé dextre du grand portail, en tirant vers la mer, assez hautement esleuee: sçauoir, quand y a quelqu'vn qui doute de ses parés, comme de son pere, de sa mere, ou autres, doutant s'il est mort ou non, il porte vne chandelle ardante deuant ladite image: & si celuy ou celle, duquel on doubte, est mort, incontinét la chádelle s'esteint: mais s'il est viuant, la chandelle ne s'esteint aucunement, encores qu'il fasse grand vent, & qu'elle y soit exposee, ains brusle iusques à ce qu'il n'y ayt plus rien: Ce que nous auons veu experimenter par deux fois. Quant à la recreatió de ladite ville, elle gist seulement aux Charlatans, & basteleurs qui font rire, & donnent plaisir aux Citoyens, en la place de S. Marc, qui est la plus belle chose qu'il est possible. Et y en ay veu douze pour vne fois, tous donnant passetemps, ayans aussi grande quantité d'auditeurs: lesdits Charlatans sont gagez de la Seigneurie, pour donner plaisir au peuple, pource qu'ils ne voyent autre chose que de l'eauë, & ne sortent pas quád ils veulent: & de là vient qu'on dict, qui ne voit Venize nul ne la prise, qui trop la voit, tost la desprise. Pource que c'est vne chose merueilleuse, de voir vne ville bastie au milieu de la mer, & si on la desprise quand on y est quelque peu de temps, pour ce qu'on ne peut aller par les ruës librement, ny asseurément comme à vne ville sur terre: qui plus est, on n'en peut sortir à telle heure qu'on voudroit bié. Pour sortir de là, faut aller à l'Ange Raphaël, qui est vne ruë là où on trouue Gondoliers pour se faire mener à la Chafousine, & y a enuiron demy lieue de mer. De là, nous vinsmes loger à Padoüe, belle ville, & Parlement des Venitiens, distáte de Venize six heues: de là à Ast ville & y a 9.l. Puis faut passer à Lignago, belle ville, diuisee en deux d'vn gros fleuue. Puis nous vinsmes gister à S. Gonnet, bourg & Chasteau à 9. lieues. Puis le iour suyuant nous gistasmes à Mantoüe, belle ville, Duché, enuironnee d'vn grand lac, qui la rend merueilleusement forte, & y a six lieues. Le iour ensuiuant, nous vinsmes gister à Boselle, petite ville, & Duché. Puis la veille de Noel nous arriuasmes à Cremonne, belle ville: & y ayāt celebré la feste de Noel, nous partismes le iour S. Estienne, & vinsmes au giste à Persecutian a 4. lieues, & ne peusmes aller plus auant a cause du mauuais temps. De là, faut passer la riuiere: puis no⁹ vinsmes gister à Loth, ville assez belle, à six lieues. De là, le iour des Innocens nous vinsmes a Milan, grande ville, & visitasmes l'Eglise de S. Geruais, & S. Prothais: la où ce grand Oracle de Theologie S. Ambroise estoit Archeuesque: duquel ie croy encores que son successeur qui y est auiourdhuy retiét quelque cleméée & bonté: Car si tost qu'il nous apperceut en l'Eglise auec nos bourdons & palmes, il nous conuia luy-mesme a disner chez luy, où nous fusmes traictez & receuz humainement. De là, nous vinsmes gister à Figin, a deux lieues de Milan. De là, à Magéce. Puis à Nouarre, ville. Le iour suiuant nous disnasmes à Verseille, ville. De la, nous vinsmes gister à Albourfg. Le iour ensuiuant nous vinsmes au giste à Turin, ville susmentionnee. Et puis qu'en venant i'ay remarqué le chemin iusques à Turin, on le pourra tenir en retournant. Là, le premier iour de l'an 1589. nous receusmes pour piteuses estrenes la mort de Monsieur nostre Archeuesque, & de Monsieur de Guyse.

Soli Deo honor & gloria.

IN ZOILVM.

Zoile viperee cur rides scommate librum?
Displicuisse tibi, gloria multa manet?

SOMMAIRE DES CHAPITRES CONTENVZ
en ce present Liure.

DV chemin depuis la ville de Reims iusques à Troyes. Chap. 1. fueillet 1.

De la ville de Troyes, iusques à Chastillon sur Seine. Chap. 2. fueillet 3.

De Chastillon iusques à Dijon. Chap. 3. f. 4.

De Dijon en Bourgongne iusques à Chalon sur Saone. Chap. 4. f. 5.

Le chemin de Chalon sur la Saone iusques à Lyon. Chap. 5. f. 6.

De Lyon iusques à Chambery, premiere ville de Sauoye. Chap. 6. f. 8.

Le chemin depuis Chambery iusques à Turin, ville en Piedmont. Chap. 7. f. 10.

De la ville de Turin iusques à la Cité de Nice en Prouence. Chap. 8. f. 12.

De Nice en Prouence iusques à Marseille. Chap. 9 f. 14.

De la ville de Marseille, & de ses enuirons. Chap. 10. f. 16.

De la saincte Bosme, lieu où la Magdelene a faict sa penitéce, & du lieu où est son chef. Chap. 11. f. 19.

De la Mer, de sa cruauté, & de la Hierarchie Nautique. Chap. 12. f. 22.

De ce qu'a veu l'Autheur estant sur Mer ius-

ques à Tripoly. Chap. 13. f. 37.
De Tripoly de Surie, & des gens qui y habitent. Chap. 14. f. 40.
De la nauigation de Tripoly à Iaphe. Chap. 15. f. 44.
Du port de Iaphe iusques en Hierusalem. Chap. 16. f. 46.
De la saincte Cité de Hierusalem, & des lieux circonuoisins. Chap. 17. f. 50.
De la premiere visitation. Chap. 18. f. 51.
De la seconde visitation. Chap. 19. f. 52.
De la troisiesme visitation. Chap. 20. f. 55.
Quatriesme visitation. Chap. 21. f. 59.
Cinquiesme visitation. Chap. 22. f. 65.
Des nations demeurantes ordinairement dedans l'Eglise du S. Sepulchre. Chap. 23. f. 70.
De la vallee d'Acheldemach, Syloé, & autres lieux. Chap. 24. f. 72.
De Bethleem, & lieux prochains. Chap. 25. f. 73.
Du retour de Hierusalem en Tripoly. Chap. 26. f. 78.
Du mont-Liban. Chap. 27. f. 82.
Du retour de Tripoly à Messine, Chap. 28. f. 85.
De l'Isle & Royaume de Sicile. Chap. 29. f. 88.
De la ville de Messine chef du Royaume de Sicile. Chap. 30. f. 89.
Du chemin de Messine iusques à Naples, & de là à Rome. Chap. 31. f. 91.

De la ville de Rome, & des Stations pour
gaigner les indulgences.   Chap. 32.
f. 94
De la translation de la Chapelle nostre Dame de Lorrette.   Chap. 33.   f. 97
De la ville de Venize iusques à Turin.
   Chap. 34.   f. 101

par pour   1 6

FIN.

263341

263342

Sibille

www.ingramcontent.com/pod-product-compliance
Lightning Source LLC
Chambersburg PA
CBHW051907160426
43198CB00012B/1789